ÉDUCATION CIVIQUE

CARNOT

1753 — 1823

PAR

ACHILLE PLUMEREL

Secrétaire-général de la Haute-Vienne, sous la Défense Nationale

Pro Patriâ

NEUFCHATEAU

Ve BEAUCOLIN, Éditeur de « l'ABEILLE DES VOSGES »

—

1883

CARNOT

1753 — 1823

ÉDUCATION CIVIQUE

CARNOT

1753 — 1823

PAR

ACHILLE PLUMEREL

Secrétaire-général de la Haute-Vienne, sous la Défense Nationale

Pro Patriâ

NEUFCHATEAU

BEAUCOLIN, Éditeur et Propriétaire de « l'ABEILLE DES VOSGES »

—

1883

CARNOT

1753 — 1823

Nous nous sommes donné la tâche de crayonner, pour les lecteurs de l'*Abeille*, le profil des grands acteurs de la Révolution, au fur et à mesure de leur apothéose en place publique.

Aussi longtemps que la France restera France, que le culte de la Patrie sera une des croyances de notre nation, que la lâcheté sera montrée au doigt et la trahison considérée parmi nous comme le plus odieux des crimes, c'est chez les hommes de cette génération sans pareille qu'il faudra chercher l'exemple des sacrifices héroïques et des dévouements sublimes.

Patriote entre tous, l'illustre citoyen sur lequel nous portons aujourd'hui nos regards, fut encore la plus haute personnification des vertus républicaines.

I.

Carnot (Lazare-Nicolas-Marguerite), naquit le 13 Mai 1753, au bourg de Nolay (Côte-d'Or), où son père exerçait la double profession de notaire et d'avocat.

Il était le troisième d'une famille de dix-huit enfants et reçut l'instruction primaire à l'école de Nolay. A l'âge heureux de son enfance remonte un fait qui projette une lueur bien vive sur sa destinée.

« Carnot n'avait que dix ans lorsque sa mère, dans un voyage à Dijon, l'emmena avec elle, et pour le récompenser de la docilité réfléchie qu'il montrait dans toute circonstance, le conduisit au spectacle. On donnait ce jour-là une pièce avec des évolutions de soldats se succédant sans relâche. L'écolier suivait avec une attention imperturbable la série d'événements qui se déroulaient devant lui. Tout-à-coup il se lève, il s'agite et malgré les efforts de sa mère, il interpelle, en termes à peine polis, un personnage qui venait d'entrer en scène. Ce personnage était le général des troupes auxquelles le jeune Carnot s'intéressait ; par ses cris, l'enfant avertissait le chef inhabile que l'artillerie était mal placée, que les canonniers, vus à découvert, ne pouvaient manquer d'être tués par les premiers coups de fusil du rempart de la forteresse assiégée ; qu'en établissant, au contraire, une batterie derrière certain rocher, qu'il désignait de la voix et du geste, les soldats seraient bien moins exposés. Les acteurs interdits ne savaient que faire. Madame Carnot était désolée du désordre que son fils occasionnait. La salle riait aux éclats. Chacun cherchait dans sa tête l'explication d'une espièglerie si peu ordinaire. La prétendue espièglerie n'était autre chose que la révélation d'une haute intelligence militaire, le premier symptôme de cet esprit supérieur qui, dédaignant les routes battues, créait quelques années plus tard une nouvelle tactique. » (F. ARAGO, *Eloge de Carnot*).

Quelques jours après, Lazare Carnot entrait chez les Oratoriens d'Autun où il fit avec un grand succès ses études classiques jusqu'à la rhétorique inclusivement. Pendant ses vacances de rhétoricien, il se prend à interroger l'avenir. Son esprit flotte entre sa passion pour les mathématiques et ses inclinations pour l'état ecclésiastique. Sous la douce influence de sa mére, il s'arrète à ce dernier parti et le voilà chez les Sulpiciens d'Autun. Sa philosophie terminée, son penchant pour les sciences exactes reprend le dessus, il met bas la lévite de séminariste et fait cap sur Paris où il entra à l'Institution Longpré, établie spécialement pour l'instruction des jeunes gens destinés au service du génie, de l'artillerie et de la marine. C'était à la fin de l'année 1769. Il y reçut les encouragements de d'Alembert qui était ami du chef de l'Institution et se plaisait à venir y épier en quelque sorte l'éclosion des grandes vocations.

Le troisième de sa promotion, Carnot fut admis en 1771, avec le titre de lieutenant du génie en second, à l'école des Ingénieurs militaires de Mézières.

En ces temps de bon plaisir, le mérite était parfois quelque chose, mais sous la condition expresse de s'étayer sur une position sociale qui ne sentit pas la roture. A défaut de parchemins, il fallait tout au moins prouver qu'on sortait d'une famille bourgeoise *vivant noblement*, c'est-à-dire n'exerçant pas de profession qui *dérogeât*. C'est à ce dernier titre que les portes de l'Ecole de Mézières furent ouvertes à Lazare Carnot. Cinq années auparavant, elles avaient été clauses au futur créateur de la *Géométrie descriptive,* à Gaspard **Monge** (1746-1818), *parceque son père exerçait la profession de rémouleur*. Pour l'honneur de la science, l'un des examinateurs du jeune Monge, le savant Bossut, qui occupait la chaire de mathématiques à cette école, tourna la difficulté : il s'adjoignit comme suppléant le fils du gagne-petit, qui, grâce à cet ingénieux stratagème, devint le professeur de ceux dont on lui refusait d'être le camarade.

Sorti de l'Ecole de Mézières en janvier 1773, avec le grade de lieutenant en premier, Carnot tint successivement garnison à Calais, à Aire, à Béthune, à Arras, à St-Omer, et fut nommé capitaine à l'ancienneté en 1783.

Fidèle à une habitude qu'il garda toute sa vie. Carnot faisait deux parts de ses loisirs : l'une était consacrée aux spéculations scientifiques et la seconde au culte des Muses. Il dut à ses essais poétiques d'être admis à la Société des *Rosati* d'Arras en 1780, et, en 1786, elu membre de l'Académie de cette même ville. Son admission offre cette particularité que ce fut Robespierre, qui, en sa qualité de Directeur, lui adressa les compliments d'usage.

Il publia en 1783, sans nom d'auteur, un *essai sur les machines* dont l'Académie des sciences rendit compte dans les termes les plus flatteurs.

En 1784, l'Académie de Dijon mit au concours l'*éloge de Vauban*. C'était là un sujet doublement tentant pour un officier du génie et un enfant de la Bourgogne, jaloux de rendre hommage à l'une des plus grandes illustrations de sa province. Carnot concourut et remporta haut la main le premier prix. Comme il est au-dessus de notre compétence de pouvoir apprécier le mérite de cette étude, nous nous bornerons à dire que la plupart des hommes du métier saluèrent un maître dans le jeune lauréat auquel Buffon adressa ses élogieux témoignages sur la beauté de son style. Quelques mois plus tard, dans une séance solennelle de l'Académie de Dijon, qui s'était empressée de l'admettre dans son sein, il reçut publiquement les félicitations du prince Henri de Prusse. Ce dernier ne s'en tint pas là. Devinant dans Carnot le génie militaire qui va bientôt s'immortaliser dans la défense de la Révolution en péril, il lui fit les ouvertures les plus séduisantes pour l'attacher au service de son frère, le grand Frédéric. « Mon épée appartient à mon pays » lui répondit en langage cornélien le studieux capitaine.

Il est un rapprochement qui rehausse singulièrement le refus patriotique de Carnot. Quelques jours avant qu'il décline les offres du prince de Prusse, était paru un nouveau réglement militaire interdisant à l'avenir l'accès du grade de capitaine aux officiers qui ne pourraient justifier de *quatre degrés de noblesse*, et l'épaulette à quiconque n'était pas gentilhomme ou fils de chevalier de Saint-Louis.

II

L'idée de justice s'est fait jour à travers les iniquités dé l'ancien régime, elle déborde de toutes parts et va porter l'espérance au fond des plus humbles chaumières.

Carnot n'a pas attendu l'explosion de 89, pour exprimer ses idées sociales et qualifier les errements du vieux monde. Nous relevons, dans son *éloge de Vauban*, ce cri d'un cœur indigné devant la misérable condition des populations agricoles : « Lorsque l'opulence est un titre d'exemptions, lorsqu'on arrache au pauvre cultivateur le pain trempé de sueur qu'il allait partager avec ses enfants, que doit-on attendre de ce monstrueux système, si ce n'est de dépeupler les campagnes, semer la jalousie et la haine entre les citoyens, effacer de leurs cœurs la confiance et la gaîté, rendre indifférent sur le sort de la patrie en brisant les liens qui unissent à elle ? »

Un esprit ainsi préparé ne pouvait manquer de saluer avec enthousiasme l'aurore d'un monde nouveau. Dans un *Mémoire* adressé à la Constituante, en septembre 89, il signale le régime oppressif auquel est soumis le corps du Génie et sollicite la création d'un comité d'officiers élus par leurs pairs, et chargé de discuter librement toutes les idées relatives à l'art des fortifications.

On connait le soulèvement des soldats du régiment suisse de Châteauvieux, qui eut lieu à Nancy en août 90 et fut provoqué par la gestion infidèle de leurs intérêts, l'intervention sanglante du fameux Bouillé, l'émotion que causa dans toute la France la pendaison de vingt-sept et l'envoi au bâgne de quarante et un d'entre eux. Abordant la question si controversée de *l'obéissance passive* et des droits civiques des militaires, Carnot prit hardiment la défense de ces malheureux soldats, que la terrible répression exercée contre eux et leur refus de tirer sur les Parisiens le jour de la prise de la Bastille, rendaient doublement populaires.

Quand Louis XVI prit la résolution criminelle d'aller de sa personne solliciter l'appui des armées étrangères contre les glorieux conjurés du Jeu de Paume, Carnot n'hésita pas davantage à affirmer ses convictions. Il déclara hautement que l'Assemblée nationale devait considérer cet acte comme une abdication, ajoutant dans sa langue de mathématicien, que la facilité avec laquelle on s'était passé de lui pendant sa fuite, constituait « la démonstration » la plus claire qui pût être faite de l'inutilité d'un roi.

Ces rapides aperçus nous montrent que chez Carnot le militaire est doublé d'un citoyen préoccupé de la gestion des grands intérêts publics. Allié en mai 91, à une famille influente de St-Omer, les relations qui naquirent de ce mariage, achèvent de le mettre complètement en vue, et les électeurs du Pas-de-Calais l'envoient siéger à l'Assemblée législative, (octobre 91).

Au moment précis où Carnot entre dans la carrière politique, disons une fois pour toutes, quelle sera son invariable règle de conduite. Homme de progrès et de liberté avant tout, ennemi des factions, il évitera de s'enchaîner à aucun des groupes qui se disputeront tour-à-tour la domination. Stratégiste de parti pris, il évoluera comme sur un champ de bataille et se portera alternativement du côté des influences qui lui paraîtront le mieux interpréter le sentiment national.

Membre du Comité militaire, il s'y acquit bien

vite une autorité prépondérante. Narbonne, ministre de la guerre, a soumis à l'Assemblée un projet de réglement disciplinaire. Ce fut pour Carnot l'occasion de reprendre comme législateur la thèse qu'il a déjà soutenue comme militaire, à propos de la sédition du régiment de Châteauvieux. A ses yeux, *l'obéissance passive* ne doit être exigée qu'en présence de l'ennemi, et le soldat employé à l'intérieur, comme troupe de police, ne doit être assujetti qu'aux lois communes, c'est-à-dire à *l'obéissance raisonnée.*» On m'objecte que les chefs seuls sont responsables ! Je voudrais bien savoir à quoi aurait servi la responsabilité de Bouillé, si, au mois de juillet 91, les troupes avaient obéi à ses ordres ; celle de Bretueil, si, en juin 89, l'armée du Champ de Mars lui avait accordé une obéissance aveugle ? Je ne conçois pas comment on a osé, dans ce temple de la liberté, vous proposer à la fois et le principe de l'obéissance passive et celui des triomphes militaires, les deux plus puissants moyens de détruire la liberté. »

Son avis ne fut pas écouté, et, nonobstant le 18 brumaire et le 2 décembre, la question est encore pendante.

Les événements se précipitent. Aux insolentes prétentions de l'Autriche de faire renoncer nos pères aux droits qu'ils ont conquis depuis la réunion des Etats-Généraux, il a été répondu par une déclaration de guerre ; la patrie a été proclamée en danger, le château des Tuileries pris d'assaut par le peuple de Paris et un vote unanime des représentants de la nation a prononcé la déchéance de Louis XVI.

Par ses conseils, par ses votes, par ses rapports, par ses actes, Carnot s'associa activement à toutes les mesures commandées par le salut public. Sur ses propositions, l'Assemblée législative décrêta successivement la mise en état de guerre immédiate de toutes les places fortes (25 mai); la distribution de trois cent mille fusils aux gardes nationales, et plus particulièrement à celles des frontières (16 juin); la fabrication des piques nécessaires pour en armer tous les citoyens, sauf les vagabonds (25 juillet). D'un mot il peint la situation et la décision à prendre : « Les gouvernements qui nous entourent veulent tous notre destruction ; nous n'avons pas d'autre politique à suivre que d'être les plus forts. »

Après la journée du 10 août, il fut envoyé à l'armée du Rhin, avec ses collègues Prieur (de la Côte-d'Or), Coustard et Ritter, pour y recevoir le serment civique des troupes et vérifier l'état des places fortes de la frontière de l'Est.

Pendant le cours de sa mission, il fut élu, en tête de la liste, représentant du Pas-de-Calais à la Convention nationale.

III

Nommée expressément pour statuer sur le sort de Louis XVI, la Convention procède méthodiquement. Avant d'instruire le procès du titulaire de la royauté, elle commence par en voter l'abolition, puis, dans sa souveraineté, décrète la République, (séance du 21 septembre). Carnot appuya de sa voix cette double décision qu'il appelait de ses vœux depuis la fuite de Varennes.

Dès le lendemain, 23 septembre, il fut envoyé avec

Garrau et Lamarque, aux Pyrenées occidentales pour y organiser la défense contre les dispositions hostiles de l'Espagne, qui n'attendait que les premiers succès de la coalition européenne pour se prononcer contre nous. Entre autres mesures d'organisation prises par les commissaires, nous citerons la création de la *légion des montagnes*, corps de partisans appelés *miquelets* et destinés à opérer contre les guérillas espagnols. Rédigé par Carnot, le rapport des délégués conventionnels montre qu'ils ne se bornèrent pas à remplir la mission toute spéciale qui leur a été confiée. Portant leurs regards sur l'ensemble de la situation des départements pyrénéens, ils jugent en hommes d'Etat, et, s'appuyant sur des considérations qu'on croirait écrites d'hier, ils signalent à l'Assemblée nationale les maux qui pèsent sur les populations rurales et les remèdes qu'elle doit y apporter, si elle veut, comme cela est son devoir, les conquérir à la République.

«.... En vain, la libre circulation des grains sera décrétée, si les obstacles physiques qui s'y opposent, équivalent à une prohibition. Il est difficile d'exprimer à quel point de dégradation les routes sont tombées dans la plus grande partie des contrées que nous avons traversées. Le défaut de communications fait que des pays qui se touchent demeurent, pour ainsi dire, étrangers l'un à l'autre ; langage, mœurs, coutumes, tout est différent. Ces séparations entretiennent l'ignorance, l'égoïsme et l'indifférence pour les affaires générales de la République. »

«.... L'éducation nationale seule, peut développer dans le cœur de la jeunesse les principes de son bonheur, l'amour ardent, éclairé de la patrie. Avec l'éducation publique, donnant à tous les citoyens l'éducation militaire, il serait facile, en tout temps, de ramasser en un clin d'œil, une force immense sur un point quelconque de la République, et certainement alors, la France n'aurait jamais de guerre à soutenir que celle qu'elle voudrait bien entreprendre..... »

La Convention ordonna l'impression et l'envoi à tous les départements du rapport de Carnot.

De retour à Paris quelques jours avant le prononcé de la condamnation de Louis XVI, Carnot exprima son vote en ces termes : « Dans mon opinion, la justice veut que Louis meure, et la politique le veut également. Jamais, je l'avoue, devoir ne pesa davantage sur mon cœur que celui qui m'est imposé ; mais je pense que pour prouver mon attachement aux lois de l'égalité, pour prouver que les ambitieux ne nous effrayent pas, vous devez frapper de mort le tyran ; je vote pour la mort. »

Les idées républicaines germent sous les pas de nos soldats. Accueillis comme libérateurs à Nice, à Chambéry, dans le Palatinat, en Belgique, les provinces qu'ils ont parcourues sollicitent leur réunion au territoire français. Rapporteur du Comité diplomatique, chargé d'examiner ces demandes et dont il faisait partie en même temps qu'il était membre du Comité militaire, Carnot, après avoir posé en principe que les limites anciennes et naturelles de la France sont le Rhin, les Alpes et les Pyrenées, dégage aussitôt ces hautes notions sur le droit international : « les nations sont entre elles, dans l'ordre politique, ce que sont les individus dans l'ordre social ; elles ont comme eux leurs droits respectifs : l'indépendance, l'unité au dedans, la sûreté au dehors, l'honneur national, intérêts majeurs qu'un peuple ne saurait perdre qu'arrachés par la force et qu'il peut toujours reprendre quand l'occasion lui en est offerte.... »

« La souveraineté appartenant à tous les peuples, il ne peut y avoir de communauté ou de réunion entre eux qu'en vertu d'une transaction formelle et libre; aucun d'eux n'a le droit d'assujetir l'autre à des lois communes, sans son exprès consentement. »

Pour faire tête aux agressions de l'Europe, la Convention a ordonné la levée de trois cent mille hommes et décrété, sur la proposition de Carnot, l'envoi de quarante et une commissions de deux députés, pour stimuler le patriotisme des citoyens. Désigné lui-même, avec Lesage-Senault, pour l'une de ces commissions, il fut envoyé dans les départements du Nord et du Pas-de-Calais pour y présider au recrutement et surveiller en même temps la conduite équivoque de Dumouriez qui commandait en chef sur cette frontière. Les menées ténébreuses du vainqueur de Jemmapes ne font plus de doute. La Convention ordonne que le général sera mandé à sa barre, et cinq de ses membres, Camus, Lamarque, Quinette, Bancal des Issarts et Carnot, auxquels fut adjoint Beurnonville, ministre de la guerre et ami personnel de Dumouriez, sont désignés pour aller lui signifier le décret, et, au besoin, s'emparer de sa personne. On sait ce qui leur advint; mis en état d'arrestation, sauf Carnot, par le général infidèle, ils furent par lui livrés à l'Autriche, retenus en captivité par cette puissance, et, le 3 novembre 95, échangés contre la fille de Louis XVI. Par un hasard auquel le salut de la France fut peut être dû, Carnot, avant de rejoindre ses collègues à Lille, lieu du rendez-vous, avait dû se rendre à Arras pour y réprimer une agitation naissante, et, par suite de cette circonstance toute fortuite, il échappa au sort de ses collegues (avril 93.)

Aussitôt qu'il a connaissance de la conduite du déserteur de la cause nationale, Carnot se rend au quartier-général de l'armée du Nord, pour la maintenir dans l'obéissance. Son intervention y fut décisive. Les soldats, un instant ébranlés, reprennent vite confiance devant sa courageuse attitude ; et quelques jours après, il écrit à la Convention : « Il est à peine resté quelques hussards à Dumouriez, qui, se voyant délaissé, a passé aux ennemis. Puissent les cœurs être, dans toute la République, unis comme ils le sont autour de nous, pour exterminer les traîtres et les amis des rois. » Au nombre des transfuges qui suivirent Dumouriez, se trouvait le duc de Chartres, le futur Louis-Philippe Ier.

Nommé, par décret du 4 avril, représentant de la Convention près l'armée du Nord, Carnot se hâta de visiter les forteresses et tous les postes de la frontière, depuis Lille jusqu'à Dunkerque, communiquant à tous son ardeur belliqueuse. Secondé par Duquesnoy, qui lui avait adjoint en remplacement de Lesage-Senault, il se décide, pour tâter à la fois le terrain et faire entière connaissance avec le soldat, à prendre l'offensive. Son objectif est la place de Furnes, occupée par les Autrichiens. Attaquée le 31 Mai, à la pointe du jour, elle fut emportée dans la même matinée par la colonne d'assaut en tête de laquelle marchaient, un fusil à la main, les deux représentants du peuple qui, dans leur rapport à la Convention, aprés avoir exalté la bravoure déployée par les troupes, se bornent à dire pour ce qui les concerne : « Nous étions là ! »

Le 14 août suivant, Carnot fut élu membre du Comité de Salut public. C'est de ce jour qu'il entre en pleine lumière et prend véritablment place dans l'histoire.

IV

Le comité de salut public! Au seul enoncé de ce nom, on est soudain saisi d'effroi : c'est là que se forge la foudre qui va anéantir les ennemis du dedans et du dehors. Mais, tout aussitôt, notre esprit embrassant les travaux gigantesques accomplis en qnelques mois par le terrible aréopage, l'admiration succède à la stupeur, et gagné par la contagion du dévouement, on sent frémir en soi les transports qui portent aux actes héroïques.

Créé au lendemain de la défection de Dumouriez, sur la prososition de Barrère, il délibérera en secret et aura pour devoir:

De maintenir l'unité et l'indivisibilité de la République.

De surveiller et d'accélérer l'action ministérielle, avec pouvoir de suspendre les arrêtés du Conseil exécutif, lorsqu'il les jugera contraires au bien public ;

De prendre, en cas d'urgence, des mesures de défense générale intérieure et extérieure.

Ses décisions seront exécutées immédiatement par

le Pouvoir exécutif, et chaque semaine, il rendra compte à la Convention, par un rapport écrit, de ses opérations et de la situation de la République.

Composé d'abord de vingt-cinq membres, il fut bien vite reconnu que c'était là en quelque sorte un Parlement en petit, trop nombreux pour agir vigoureusement, et qu'en présence de l'Europe conjurée, il fallait concentrer davantage l'action révolutionnaire. Le nombre des membres du Comité fut réduit à douze. Au moment où nous allons le voir à l'œuvre, pour la défense nationale, il se composait de Barrère, Billaud-Varennes, Carnot, Collot-d'Herbois, Couthon, Hérault de Séchelles, Jean-Bon-Saint-André, Prieur *de la Côte-d'Or*. Prieur *de la Marne*, Robert Lindet, Robespierre et Saint-Just.

Le travail fut naturellement divisé entre eux suivant les précédents et la compétence de chacun. Billaud-Varennes et Collot-d'Herbois furent chargés de la rédaction des instructions aux représentants en mission dans les départements et de la correspondance avec les autorités civiles ; Robespierre, Saint-Just et Couthon, de l'examen des questions constitutionnelles et de la direction de l'esprit public ; Prieur *de la Côte-d'Or*, de la fabrication des armes et des munitions ; Jean-Bon-Saint-Andre, de l'administration navale ; Robert Lindet et Prieur *de la Marne*, des subsistances, des approvisionnements et des finances. Les affaires étrangères et l'instruction publique furent confiées à Hérault de Séchelles et à Barrère. Carnot eut dans ses attributions le personnel et le mouvement des armées.

Ils commencèrent par délibérer en commun ; mais dans l'impossibilité absolue de suffire à une pareille besogne, le nombre des affaires s'élevant de quatre à cinq cents en moyenne par jour, ils durent renoncer à cette méthode, sauf pour les questions générales. Par suite, chacun d'eux faisant offrande de sa sûreté et de sa mémoire au salut de la patrie, ils décidèrent que chaque fraction spéciale du Comité exercerait un pouvoir absolu dans ses attributions, et que les signatures nécessaires à la validité des actes seraient données par les autres fractions, à titre de formalité.

Point de garde autour de ces dictateurs et quand ils sortent on ne porte point devant eux les faisceaux consulaires. Ils vont à pied et logent en garni, ces hommes qui feront trembler l'univers.

Maintenant que nous connaissons les ressorts de l'instrument de Salut, il convient, pour bien mesurer les prodigieux efforts que nos pères vont bientôt déployer, de ieter un coup d'œil sur la situation générale de la République.

A l'intérieur, c'est la nation désolée par la famine et déchirée par les factions ; c'est la contre-révolution maîtresse dans une partie de l'Ouest et du Midi; c'est Caen, Bordeaux, Nîmes et Marseille en insurrection ; c'est Toulon qui livre son port aux Anglais, et Lyon, rebelle aux décrets de la Convention, qui soutient un siège contre l'armée républicaine.

A l'extérieur, c'est à la frontière du Nord, Dunkerque investi par le duc d'York, à la tête de vingt mille autrichiens et hanovriens à la solde de l'Angleterre ; ce sont nos places de Condé et de Valenciennes au pouvoir du prince de Cobourg, qui commande à soixante-cinq mille autrichiens ét hessois, flanqués de six mille émigrés. A l'Est, ce sont les passages des Vosges menacés par cinquante-cinq mille prussiens aux ordres du duc de Brunswick, et par Vurmser suivi de quarante mille autrichiens. Aux Alpes, ce sont trente mille piémontais, appuyés par huit mille autrichiens, qui se disposent à donner la main aux lyonnais, et, aux Pyrénées orientales, vingt-cinq mille espagnols qui marchent sur Perpignan.

Le Comité de Salut public envisagea, sans pâlir, cet immense réseau de fer. Le 23 août, sur sa proposition, la Convention décrète :

« Dès ce moment, jusqu'à celui où les ennemis de la République auront été chassés du territoire, tous les Français sont en réquisition permanente pour le service des armées ;

« Les jeunes gens iront au combat ; les hommes mariés forgeront les armes et transporteront les subsistances ; les femmes feront des tentes, des habits, et serviront dans les hôpitaux ; les enfants mettront les vieux linges en charpie ; les vieillards se feront porter sur les places publiques pour exciter le courage des guerriers, prêcher la haine des rois et l'unité de la République ;

« Les maisons nationales seront converties en casernes, les places publiques en ateliers d'armes ; le sol des caves sera lessivé pour fournir le salpêtre ;

Les armes de calibre seront exclusivement confiées à ceux qui marchent à l'ennemi ; le service de l'intérieur se fera avec des fusils de chasse et l'arme blanche ;

« Les chevaux de selle seront requis pour compléter la cavalerie ; les chevaux de trait, autres que ceux employés à l'agriculture, conduiront l'artillerie et les vivres ;

« La levée sera générale ; les citoyens non mariés ou veufs sans enfants, de dix-huit à vingt-cinq ans, marcheront les premiers. Ils se rendront sans délai au chef-lieu de leur district, où ils s'éxerceront tous les jours au maniement des armes, en attendant l'ordre de départ. Le bataillon, organisé dans chaque district, sera réuni sous une bannière portant cette inscription : « LE PEUPLE FRANÇAIS DEBOUT CONTRE LES TYRANS ! »

V

La levée en masse a donné cinq à six cent mille soldats. Il s'agit de répartir et d'encadrer ces phalanges improvisées, de les relier entre elles, de leur communiquer l'esprit et l'impulsion qui doivent les rendre invincibles, de choisir les chefs qui les conduiront à la victoire ; en un mot, d'organiser les quatorze armées, devenues légendaires, qui vont écraser la vieille Europe. Ce fut là l'œuvre toute personnelle de Carnot.

Le comité de Salut public, bien qu'il concentre tous les pouvoirs dans ses mains et que les fonctionnaires de tout rang lui soient subordonnés, ne se trouve pas encore suffisamment armé. S'il assume l'écrasante responsabilité de sauver la France républicaine, il veut que rien n'arrête son action immédiate, et le Conseil des ministres, comme rouage intermédiaire, entrave la transmission des ordres à donner et la rapidité des mesures à prendre. Ce rouage disparaîtra. Sur la proposition de Carnot, la Convention décrète la suppression des ministres dont les fonctions seront attribuées à douze Commissions particulières de deux à trois membres au plus, que le Comité choisira et révoquera à son gré.

Il ne suffit pas d'avoir un million d'hommes sous les armes. Pour frapper l'ennemi d'étonnement et enflammer le courage de nos conscrits, il importe d'obtenir des succès éclatants et rapides. A ces nouveaux bataillons, il faut une nouvelle stratégie qui réponde à notre tempérament national et surtout à l'exaltation patriotique qui soulève toute la nation. En leur donnant le rôle d'assaillants, Carnot suppléera à la solidité qui leur manque pour soutenir le choc de leurs adversaires dont la discipline automatique et la science des manœuvres constituent les qualités dominantes. Ne pas se préoccuper des succès partiels de l'ennemi, concentrer des forces supérieures sur un point déterminé, attaquer en masse, telle fut la tactique constante recommandée par Carnot à nos généraux, tactique toute révolutionnaire sur laquelle Dumouriez, juge compétent, s'est exprimé en ces termes ; « Carnot est le créateur du nouvel art militaire en France, que Dumouriez n'a fait qu'esquisser et que Bonaparte a perfectionné. »

Mais ce n'est là qu'un des aspects de notre organisation militaire, ce que nous appellerons le côté matériel, la chaudière destinée à recevoir les combustibles qui doivent imprimer à nos légions l'impétuosité du torrent. Il est deux facteurs des triomphes inouïs remportés par nos pères, qu'on ne saurait mettre trop en relief : la nature des récompenses accordées et les commissaires de la Convention.

Les récompenses, elles étaient celles qui conviennent chez un peuple qui combat pour son indépendance et veut rester libre. Aux soldats qui se sont conduits en braves, il sera donné une paire de souliers ou une paire de bottes; ceux qui se sont plus particulièrement distingués recevront un sabre ou un pistolet d'honneur; les généraux victorieux, un cheval de bataille. L'accolade fraternelle du président de l'Assemblée nationale et les honneurs de la séance récompenseront des actions d'éclat. Une armée entière s'est-elle couverte de gloire, la Convention déclare qu'elle a *bien mérité de la patrie*. Les mêmes funérailles à ceux qui tombent en héros: le nom du tambour Barra sera gravé au temple de Mémoire, à côté de celui du général en chef Dugommier.

Les représentants du peuple aux armées relevaient directement du Comité de Salut public, de Carnot par conséquent. Ils avaient pour principal devoir de faire pénétrer le souffle de la Révolution sous la tente et d'y maintenir l'unité de sentiment, de stimuler les généraux comme les soldats et de communiquer à tous l'étincelle électrique; dans les jours de bataille, de leur donner l'exemple du courage, et, par dessus tout, de courber sous le niveau de la loi le front des ambitieux à panaches qui songeraient à s'en affranchir, Nous ne pouvons nous dispenser de saluer quelques-uns de ces proconsuls. Merlin *de Thionville*. Saint-Just, Delbrel, Cavaignac, Baudot, Ricord, Milhaud, Romme, Levasseur, Rhül, Soubrany, Fabre *de l'Hérault*. Goujon Lacombe-Saint-Michel, Garrau, Duquesnoy, etc., etc., se montrèrent en toute circonstence, vaillants entre les vaillants. L'intrépidité de Merlin *de Thionville*, un avocat, lui mérita, de la part des Allemands, le surnom de *diable de feu*.

Comme appendice à ce tableau, que notre cadre nous oblige d'écourter, écoutons l'entretien de Carnot avec Levasseur, représentant de la Sarthe et chirurgien de son état. C'était quelques jours avant les évènements qui vont suivre. Le général Custine vient d'être appelé à la barre de la Convention, et l'armée du Nord, qu'il commandait, est en pleine révolte. Levasseur a été mandé au Comité du Salut public par Carnot qui, après l'avoir mis au courant de la situation, lui dit : « Il nous faut une main ferme pour étouffer cette rebellion, et c'est toi que nous avons choisi. — Ce choix m'honore, mais la fermeté ne suffit pas ; il faut de l'expérience, des talents militaires ; ces moyens essentiels me manquent. — La vue d'un homme estimé, d'un patriote, d'un ami de la liberté, suffira pour faire rentrer dans le devoir des esprits égarés. — Mais, en verité, Carnot, les moyens physiques me manquent également. Vois cette petite taille et dis-moi comment, avec un pareil extérieur, je pourrais imposer le respect à des grenadiers ? — Alexandre le Grand était de petite taille. — Oui, mais Alexandre avait passé sa vie dans les camps ; il savait comment on manie l'esprit des soldats. — Les circonstances font les hommes ; la fermeté de ton caractère et ton dévouement à la République nous répondent de tout. — Eh bien, j'accepte ; quand faut-il partir ? — Demain, — Et mes instructions ? — Elles sont dans ton cœur et dans ta tête ! » (*Mémoires de Levasseur*).

Bien que cet épisode s'écarte un peu de notre

sujet, nous ne pouvons résister au plaisir de mettre sous les yeux de nos lecteurs le récit du début de Levasseur à l'armée du Nord. C'est Kilmaine qui, par rang d'ancienneté, en a pris le commandement provisoire. Levasseur s'est fait conduire directement au quartier général et il informe Kilmaine qu'il passera le lendemain devant le front des troupes.

Quarante mille hommes sont sous les armes. A l'heure dite, sans escorte, au pas de son cheval, Levasseur arrive en tête des lignes. Les tambours et les clairons restent muets. Se tournant vers Kilmaine : « Et bien, général, pourquoi ne bat-on pas aux champs ? » Les tambours roulent et les trompettes sonnent. Levasseur passe devant un drapeau ; point de salut. « Nouvel oubli, général ; » tous les drapeaux s'inclinent. Les visages respirent la colère ; il entend murmurer. « Général, faites former le carré ! » et se plaçant au centre, le rude montagnard s'écrie : « Soldats de la République, le Comité de Salut public a fait arrêter le général Custine.... » — Les cris de « qu'on nous le rende ! » couvrent sa voix : — « Général, faites ouvrir les rangs ! » Et, l'œil en feu, la pointe du sabre basse, bravant à lui seul toute une armée, il parcourt lentement toutes les lignes devenues muettes de stupéfaction. « Si Custine est innocent, reprit-il, il vous sera rendu. Sinon, point de grâce pour les traitres. Je suis votre chef, vous me devez une obéissance aveugle. Pardon et oubli à qui respectera la voix d'un représentant du peuple ! malheur à qui la méconnaîtra ! » — Tous se turent ; la révolte était domptée.

VI.

Nous avons fait connaître les périls qui menacent la République au dedans et au dehors. Le Comité du Salut public fera front de toutes parts. Mais c'est principalement sur notre frontière du Nord, entamée, qu'il portera ses efforts.

L'Angleterre, mettant à profit les dissensions militaires que nous venons d'indiquer, a enjoint au duc d'York de pousser vigoureusement le siège de Dunkerque. A Houchard, qui a reçu le commandement en chef des troupes, Carnot écrit le 28 août : » Le salut de la République est là ! » Et pour mieux lui montrer l'importance attachée au déblocus de ce port, objet des ardentes convoitises de l'Angleterre, il se rend auprès du général pour concerter ensemble le plan d'attaque des lignes ennemies.

Le duc d'York a divisé en deux corps les forces dont il dispose ; celui qui est affecté aux opérations du siège, est placé sous son commandement ; le second, qui constitue l'armée d'observation, a son quartier général au bourg de *Hondschoote*, situé à trois lieues E de Dunkerque. Tomber sur le corps d'observation, le mettre en déroute, et se porter rapidement sur le duc d'York : tel est le sommaire des instructions laissées par Carnot. Le 1er septembre, alors qu'il opérait la concentration de son armée d'attaque, Houchard apprend l'exécution de Custine. « Oh! mon Dieu! s'écrie-t-il, c'est donc un parti-pris ; on veut guillotiner tous les généraux ! » Levasseur, qui était là, lui réplique : « Et toi aussi, on te décapitera, si tu nous trahis. » — C'est l'ordre : il faut vaincre ou mourir.

Le 8 septembre, au matin, de l'avis unanime des généraux, sauf Houchard, qui est pour la défensive, et des commissaires de la Convention, l'armée républicaine, divisée en deux colonnes, se porte au pas de charge et au chant de la *Marseillaise*, sur Hondschoote. Après quatre heures d'une lutte sanglante dans laquelle les généraux Jourdan et Vandamme, les représentants Levasseur, qui eût un cheval tué sous lui, et Delbrel, se couvrirent de gloire, la Muse de l'Histoire inscrivait une date de plus à nos Fastes militaires.

Quand il connut la défaite de son lieutenant, le duc d'York n'hésita pas. Il décampa sur l'heure, abandonnant cinquante pièces de canons, ses bagages et le prestige des armes anglaises. Le 16 novembre suivant, le général Houchard, pour n'avoir pas su profiter du succès d'Hondschoote en jetant l'armée du duc d'York à la mer ou en la prenant toute entière, subissait le sort de Custine.

Maître de Valenciennes, de Condé et du Quesnoy, le prince de Cobourg a mis le siège devant Maubeuge (29 septembre 93). Cette place tombée, c'est la route de Paris ouverte à la coalition.

Cobourg dispose de quatre-vingt mille combattants, dont une moitié forme l'armée d'investissement de Maubeuge, et l'autre moitié, dont il s'est réservé le commandement, est répartie en trois colonnes postées en avant de Maubeuge sur les hauteurs des villages de St-Remy, de Dourlers et de *Wattignies*, hérissées de batteries et couvertes de fossés palissadés. Dans ces positions, qu'il juge inexpugnables, le prince de Cobourg a déclaré devant son état-major : « Les Français sont de fiers républicains ; mais s'ils me délogent d'ici, je me fais républicain moi-même. »

Nos deux armées du Nord et des Ardennes ont été réunies en une seule, et, sur la proposition de Carnot, le Comité de Salut public en a confié le commandement à Jourdan. Devant la grandeur du danger, les collègues de Carnot ratifièrent son choix, sous la condition qu'il irait seconder le jeune général qui, jusqu'à ce jour, n'avait servi qu'en sous-ordre. Se souvenant de sa coopération à la prise de Furnes, Carnot, à son tour, leur demande de lui adjoindre le représentant Duquesnoy.

Les voilà partis et ils se rencontrent, le 8 octobre, avec Jourdan à son quartier général de Guise, d'où Carnot écrivit au Comité : « Nous venons de faire la revue des camps avec le général ; les soldats ont confiance en lui et ne demandent qu'à se battre : nous espérons ne pas les faire longtemps languir. L'affaire sera chaude ; mais nous vaincrons et la patrie sera sauvée. » — Le propos tenu par le généralisme autrichien est venu aux oreilles de nos troupiers, et ils ont juré qu'ils iraient sommer «le citoyen Cobourg» de tenir sa parole.

Nos forces, qui s'élèvent à quarante mille hommes environ, ont été, comme celle de l'armée de secours des Autrichiens, divisées en trois colonnes. Celle de gauche, sous les ordres du général Fromentin, a pour instruction de chasser l'aile droite de l'ennemi des hauteurs de St-Remy ; celle du centre, commandée par le général Balland, a pour objectif Dourlers, et celle de droite, confiée au général Duquesnoy, frère du conventionnel, est chargée d'enlever Wattignies.

Le 14 octobre, reconnaissance des positions ennemies par Jourdan et Carnot, qui décident d'attaquer le lendemain. A neuf heures, toute notre armée s'ébranle, les deux aîles, avec ordre de se porter vivement en avant et de prononcer en même temps un mouvement concentrique, de façon à prendre en flanc les colonnes de droite et de gauche de l'ennemi et à les rejeter sur le centre : le nôtre devra marcher lentement et se borner à une canonnade. Ces dispositions s'accomplissent ponctuellement, comme sur un champ de manœuvres. A un moment donné, Jourdan et Carnot, la lorgnette à l'œil, jugent qu'il faut lancer la colonne du centre. Le *Ça ira* et la *Marseillaise* retentissent dans tous les rangs : la voix du canon redouble d'intensité ; les premiers obstacles son enlevés à la baïonnette et le château de Dourlers est entre nos mains. Encore un effort et l'ennemi sera culbuté. Le dieu des batailles en a décidé autrement. Une effroyable mitraille arrête l'élan de nos soldats et les escadrons hongrois achèvent l'œuvre de la mitraille : il faut reculer. De son côté, la colonne Fromentin est repoussée. Seule, la division Duquesnoy a tenu bon. La nuit est venue, la retraite a été ordonnée. C'est à recommencer.

Après quelques instants de repos, le conseil de guerre s'est rassemblé. Appelé à se prononcer le premier, Jourdan propose d'abandonner toute pensée d'attaque contre le centre des Autrichiens, et, pour rétablir l'équilibre sur notre gauche, d'y porter la moitié de la division Balland. Prenant une carte et posant le doigt sur le point de Wattignies, « c'est là, dit Carnot, que nous devons triompher ! » Il appuie son opinion sur ce fait que Wattignies étant plus rapproché de Maubeuge que Saint-Remy et Dourlers, cette position enlevée, les autres deviennent sans importance. Par conséquent, c'est notre droite qu'il faut renforcer et se borner au centre comme à gauche à feindre de vouloir reprendre les tentatives de la veille. « Si nous cédons à l'avis du représentant du peuple, déclare Jourdan, je le préviens qu'il en prendra la responsabilité. — « Je me charge de tout et même de l'exécution », lui répond Carnot, à l'opinion duquel le conseil se rallia. Jourdan prêta sans hésiter son grand cœur et sa haute intelligence à l'exécution du plan qu'il avait combattu.

Le lendemain, à la pointe du jour, toute notre armée est debout. L'aile droite, à laquelle s'est porté Jourdan et qui compte vingt-quatre mille combattants, a été partagée en trois colonnes d'attaque. Carnot et Duquesnoy, revêtus de l'écharpe nationale, marchent chacun en tête de l'une d'elles. Un brouillard épais, qui ne se dissipera que vers midi, en cachant à l'ennemi nos nouvelles dispositions, doublera nos chances de succès.

Ils commencent à gravir les premiers escarpements de Wattignies, quand le soleil, en machiniste tout puissant, lève le rideau de brouillards qui a caché notre marche aux Autrichiens. A cet instant, Carnot et Duquesnoy arborent leur chapeau de représentant à la pointe de leur sabre et un immense cri de *Vive la République* ! s'échappe de toutes les poitrines. Les tambours battent la charge et les trouées de l'artillerie ouvrent les rangs de l'ennemi à nos sans-culottes « enragés », comme le prince de Cobourg les qualifiera dans son bulletin. Dire que le village de Wattignies fut pris et repris jusqu'à huit fois, c'est attester l'acharnement qui fut déployé de part et d'autre. Devant notre dernière attaque, Cobourg abandonna définitivement le plateau de Wattignies au sommet duquel arrivèrent en même temps, chacun de son côté, Carnot et Duquesnoy, qui s'embrassèrent sous les yeux de nos soldats ivres d'enthousiasme et dont les acclamations ardentes apprirent à tous les échos cette grande journée, que Bonaparte, appréciateur peu bienveillant pour ses rivaux de gloire, considérait comme « le plus beau fait d'armes de la Révolution. »

Dès le lendemain, Carnot repartait pour Paris, et sitôt son arrivée, comme s'il n'avait pas quitté son cabinet de travail, il adressait ses félicitations les plus chaleureuses à l'armée du Nord.

Avant de résumer les opérations des autres armées de la République, profitons du moment où le vainqueur de Wattignies est à son bureau, pour feuilleter sa correspondance avec les généraux en chef. Il suffit de quelques fragments des instructions qu'il leur donne, pour montrer la pensée directrice, les vues profondes, la fermeté et la haute moralité de Carnot.

A plusieurs, il écrit : « C'est l'oisiveté, c'est la vie molle des garnisons et des cantonnements qui détruisent l'énergie et la discipline... Que les généraux donnent l'exemple de l'activité, des mœurs et du désintéressement... »

« La discipline est plus que jamais nécessaire à mesure qu'on avance dans le pays ennemi. Point de dureté dans les manières, beaucoup de sévérité dans l'exécution... Ménagez partout les objets du culte; faites respecter les chaumières, les malheureux, les femmes, les enfants, les vieillards; entrez comme les bienfaiteurs des peuples. Ils doivent voir en nous des libérateurs... Il faut faire craindre le nom français, mais non pas le faire haïr. »

A l'armée des côtes de Cherbourg : « Le moyen de calmer les habitants de nos provinces livrées aux agitations politiques, c'est d'établir la discipline la plus rigoureuse, de faire respecter la vie, les possessions, les mœurs et les faiblesses mêmes des citoyens; de les éclairer et de leur faire aimer la Révolution. »

A l'armée des Pyrénées Orientales : « Ne souffre pas qu'une armée qui s'est couverte de gloire déshonore ses triomphes par l'esprit de pillage et de cruauté. Chasse des rangs les auteurs de ces pernicieux exemples... »

A l'armée du Rhin : « On a juré, à ce qu'il paraît, de toujours rester sur la défensive. Voulez-vous être victorieux comme on l'est partout ailleurs? Attaquez l'ennemi tous les jours. Nous attendons impatiemment de vos nouvelles... Il n'est qu'un moyen de triompher, c'est la vigilance. Un seul homme qui veille est plus fort que cent mille qui dorment... »

De nouveau à l'armée du Rhin : « Il faut se morceler le moins possible, relever très souvent les postes, avoir deux ou trois bons corps de troupes, en différents points de la frontière, toujours prêts à marcher rapidement sur le point qui pourrait être attaqué... Attaquer sans cesse et toujours avec des forces dominantes, en frappant à l'improviste tantôt sur un point, tantôt sur un autre. Nous n'aimons pas qu'on nous dise que tel point faible a cédé à l'attaque d'un corps beaucoup plus considérable. Un tel évènement prouve toujours l'ignorance ou le défaut de vigilance. »

A l'armée de l'Ouest : « Ce n'est pas sans motif, comme tu le vois, qu'il nous répugnait d'approuver ton système de dissémination. Nous ne pouvons attribuer les nouveaux désastres de l'armée de l'Ouest qu'à ce malheureux système. »

A l'armée des Alpes : « Nous n'aimons pas les réponses évasives. Nous ne voulons pas la conquête du Piémont, mais nous voulons sans délai celle du Mont Cenis et du St-Bernard. Nous savons comme toi que la terre est couverte de neige, et c'est pour cette raison que nous voulons une attaque prompte. Tu veux attendre qu'elles soient fondues, c'est le vrai moyen d'échouer. Nous t'avons recommandé le secret en toutes choses ; mais il paraît que tu ne t'y es pas astreint scrupuleusement. La Convention veut que les généraux obéissent aux arrêtés du Comité de Salut public. Tu réponds sur ta tête de leur exécution. »

A un autre général qui fait la sourde oreille aux ordres du Comité : « Il est temps que les généraux apprennent qu'une responsabilité terrible pèse sur la tête de ceux qu'une erreur involontaire n'excuserait pas. »

A l'armée des Ardennes : Ne te plains pas sans cesse ; on est à moitié vaincu quand on manifeste de la crainte ou de la défiance de soi-même. »

A Pichegru, qui s'est plaint d'être en butte à d'odieux soupçons : « Charge-toi de battre les Autrichiens; nous nous chargerons de battre tes calomniateurs. » *(Archives du ministère de la guerre).*

VII

La victoire des Wattignies excita dans toute la République une joie inexprimable; elle décupla la bravoure et la confiance de nos soldats, qui se persuadèrent que pour toujours battre leurs adversaires, il suffisait de le vouloir.

Maintenant que tout danger imminent est écarté de notre frontière du Nord, portons nos regards ailleurs.

Le 18 Vendémiaire (9 octobre), sept jours avant le triomphe de Wattignies, Couthon, à la tête de l'armée conventionnelle, entrait dans Lyon, qui, en vertu d'un décret rendu par la Convention trois jours plus tard, sera effacé du tableau des villes de la République et prendra le nom de *Ville-Affranchie.*

Le 29 frimaire (19 Décembre), le général Dugommier, après cinq jours et cinq nuits de combats, arrachait Toulon aux Anglais.

Battus à Chollet par Beaupuy, Haxo, Kléber et Marceau, au Mans par Marceau et Kléber, exterminés par les mêmes à Savenay le 3 Nivose (23 Décembre), les Vendéens sont en pleine déroute, et les représentants du peuple à l'armée de l'Ouest écrivent au Comité du Salut public: « La Vendée n'est plus. » Elle se relèvera encore, mais elle est frappée à mort.

Sur le Rhin, nous avons subi un échec; les

Prussiens ont forcé les lignes de Wissembourg et bloqué Landau. Le Comité de Salut public donne à deux jeunes hommes de vingt-cinq et vingt-six ans, deux héros, à l'inflexible Saint-Just, un de ses membres, et à Hoche, la mission de reconquérir notre frontière d'Alsace. Le 10 Nivose (30 Décembre), les lignes de Wissembourg sont reprises, Landau est débloqué et nos légions victorieuses prennent leurs quartiers d'hiver dans le Palatinat.

Par suite des contingents qu'elles ont dû fournir, l'une aux troupes chargées du siège de Lyon, et l'autre à celles du siège de Toulon, nos armées des Alpes et des Pyrénées sont restées sur la défensive.

Présages des succès de demain, l'année 93, qui s'est ouverte par la décapitation de Louis XVI, dont la tête fut jetée en défi à la face de l'Europe qui ne parlait rien moins que de rayer la France des nations, se ferme sur une série de triomphes qui ont porté la rage au cœur des coalisés et mis les patriotes dans l'enivrement.

A l'armée du Nord, qui est passée des mains de Jourdan dans celles de Pichegru, ayant pour lieutenants Moreau, Vandamme, Souham, Macdonald, la campagne de 94 s'est ouverte le 25 Germinal (14 avril), par un manifeste de l'empereur d'Autriche, daté de Bruxelles et portant : « Quiconque sera convaincu de conspiration tendant à propager le système français, sera mis à mort. »

Trois jours après, les hostilités étaient ouvertes contre notre centre par François II, appuyé par le duc d'York et le prince d'Orange. Ce dernier met le siège devant Landrecies qui capitulait le 11 Floréal (30 Avril). La prise de cette place fut compensée pour nous, par celle de Ménin qui eut lieu le même jour. Le 29 Floréal (18 mai) Souham battait à *Tourcoing* une aîle de l'ennemi et lui prenait soixante canons.

Pendant ce même temps, l'armée de Sambre-et-Meuse aux ordres de Jourdan, secondé par Kléber, Marceau, Ney, Bernadotte, Lefèbvre, Championnet, et les représentants du peuple Saint-Just, Le Bas, Guyton de Morveau, Levasseur, marchait contre le prince de Cobourg et s'emparait de Charleroy le 7 Messidor (25 juin). Accouru au secours de cette place, Cobourg se rencontra avec Jourdan le lendemain, 8 Messidor, au village de *Fleurus* (Belgique), rendu célèbre par la victoire remportée sur le prince de Waldeck, général des Provinces-Unies, par le maréchal de Luxembourg, le 30 Juin 1690.

Nous avons en ligne soixante-seize mille combattants et les Autrichiens quatre-vingt mille. Engagée au point du jour, l'action se termina à sept heures du soir par la retraite du prince de Cobourg, qui avait été battu sur tous les points et comptait douze mille hommes hors de combat contre nous cinq mille.

Le 11 Messidor, Carnot écrivait à Jourdan : « Les armées réunies de la Sambre, se sont couvertes de gloire. Le Comité se félicite d'avoir trouvé en toi un chef digne de les commander : » et aux représentants à l'armée de Sambre-et-Meuse : « Nous n'essayerons pas, chers collègues, de vous peindre l'enthousiasme qu'a produit à la Convention nationale et dans Paris la victoire qui vient d'illustrer de nouveau les champs de Fleurus ; vous en jugerez par la satisfaction que vous devez ressentir d'y avoir contribué. »

De son côté, le général Michaud, ayant Desaix pour son second, maintenait notre prépondérance sur le Rhin. Le 7 Prairial (28 Mai), il battait les Prussiens à Schifferstadt, les chassait du duché des Deux-Ponts et prenait possession de tout le Palatinat. Il entrait dans Worms le 28 Vendémiaire, s'emparait de Manheim le 5 Nivose (25 décembre) et mettait le siége devant Mayence.

Aux Alpes Cottiennes, nous étions maîtres du petit Saint-Bernard le 6 Floréal, et des deux Mont-Cenis le 25.

Aux Alpes Maritimes, Dumerbion, soutenu par Masséna, culbutait les Piémontais au col de Tende. La prise d'Oneille (7 Germinal), nous ouvrait l'entrée du Piémont, et le combat de Loano 11 Thermidor (29 Juillet), inaugurait nos brillantes campagnes d'Italie.

Dugommier a pris l'offensive aux Pyrénées orientales. Il chasse successivement les Espagnols du Boulou, de Collioure. de Port-Vendres, où le représentant Fabre *de l'Hérault*, mourut en brave, leur reprend les forts Saint-Elme et Bellegarde, les poursuit en Catalogne et tombe, à son tour, sur le champ de bataille de *la Montagne-Noire*, 28 Brumaire (17 Novembre), laissant le commandement à Pérignon, qui s'empare de Figuières le 4 Frimaire et de Roses le 15 Pluviose (3 février 95).

A son tour, notre armée des Pyrénées occidentales, commandée par Moncey, battait les Espagnols à Saint-Jean-de-Luz, franchissait la Bidassoa, s'emparait de Fontarabie et de Saint-Sébastien le 13 Messidor, du Port du Passages le 15 et de Tolosa le 22 Thermidor (9 août).

Nous avons laissé l'armée du Nord à Tourcoing et l'armée de Sambre-et-Meuse à Fleurus. Pichegru et Jourdan ont reçu du Comité de Salut public l'ordre, le premier, de pousser en Hollande l'armée anglo-batave, commandée par le duc d'York et le prince d'Orange, le second, de rejeter l'armée autrichienne sur la rive droite du Rhin.

Bruges ouvre ses portes à Pichegru le 11 Messidor (29 Juin), Ostende le 13, Gand le 16, Audenarde et Tournay le 17. De son côté, Jourdan a pénétré dans Mons le 13 Messidor, et les deux généralissimes entrent ensemble dans Bruxelles, le 22 Messidor (9 Juillet). Puis, chacun d'eux chassant devant soi l'adversaire qui lui a été assigné, Jourdan oblige Clairfayt qui a remplacé à la tête de l'armée autrichienne Cobourg disgracié, à repasser le Rhin le 11 Vendémiaire (2 octobre). Le même jour, il fait flotter notre drapeau sur Aix-la-Chapelle, sur Juliers le 13 Vendémiaire, sur Cologne le 15, sur Coblentz le 2 Brumaire et le 11 sur Maëstrich, dont la prise nous livrait la clef de la Hollande méridionale et nous rendait maîtres de toute la rive gauche du Rhin.

Avant de continuer à suivre Pichegru, revenons devant nos places de Landrecies, du Quesnoy, de Valenciennes et de Condé, qui sont restées aux mains de l'Autriche. Aussi longtemps qu'elle occupera ces positions formant trouée sur notre territoire, un revers peut nous faire perdre tous nos avantages. Les Autrichiens ont fait exécuter de grands travaux dans ces quatre forteresses et s'y sont approvisionnés pour soutenir un siège de plusieurs mois. Les attaquer méthodiquement, c'est par ce temps de victoires au pas de course, risquer d'y briser notre fougue révolutionnaire. L'Europe nous croit invincibles. Il s'agit de frapper de terreur les assiégés qui n'ont à espérer aucun secours du dehors. Sur la proposition du Comité de Salut public, la Convention rendit le 16 Messidor (4 Juillet), le décret suivant :

« Toutes les troupes des tyrans coalisés, renfermées dans les places du territoire français envahi par l'ennemi sur la frontière du Nord et qui ne se rendront pas à discrétion vingt-quatre heures après la sommation qui leur en aura été faite par les généraux de la République, ne seront admises à aucune capitulation et seront passées au fil de l'épée. »

Audaces Fortuna... Sommées alternativement par le général Schérer, les quatre places se rendirent sans condition : Landrecies le 28 Messidor, Le Quesnoy le 24 Thermidor, Valenciennes le 10 Fructidor et Condé le 13 (Juillet-Août).

Reprenant sa marche triomphale, l'armée du Nord s'emparait de Malines le 27 Messidor, de Namur le 29 et de Nieuport le 30. Le général Moreau fit fusiller dans cette dernière ville, comme traitres à la patrie, cinq cents émigrés qu'il y avait capturés les armes à la main. Elle pénétrait dans Anvers le 5 Thermidor, dans Liège le 9, dans Bois-le-Duc le 28 Vendémiaire, dans Wenloo le 30 et dans Nimègue le 19 Brumaire. Pichegru faisait son entrée dans Amsterdam le 30 Nivose (19 Janvier 95), et le lendemain, 1er Pluviose, comme si la nature eut fait alliance avec nous ; comme s'il était dans la destinée des soldats de la Révolution de reculer jusqu'à l'invraisemblable les bornes du possible et d'étonner le monde par des prodiges sans exemple, la flotte hollandaise était prise d'assaut dans le port du Texel par des escadrons de hussards! Apprenant que le Zuyderzée était solidement gelé, Carnot avait écrit à Bellegarde et à Choudieu, représentants du peuple à l'armée du Nord, de s'entendre avec Pichegru pour accomplir ce hardi coup de main qui transporte l'imagination dans les régions fabuleuses.

Nous étions complétement maîtres de la Belgique et de la Hollande; sur le Rhin, aux Alpes comme aux Pyrénées, nous campions sur le pays ennemi : la coalition était vaincue.

Dix-sept mois séparent la journée de Hondschoote de celle du Téxel. Miracles de la force morale, pendant cette période, au milieu des déchirements intérieurs, et alors qu'il nous fallut tout créer, poudre et fusils, faire sortir de terre soldats et généraux, nous avions pris à nos adversaires dix-neuf-cent milliers de poudre, soixante-dix mille fusils, trois mille huit-cents bouches à feu et quatre-vingt-dix drapeaux ; nous avions emporté deux-cent-trente forteresses ou redoutes ; nous nous étions emparés de cent seize places ou villes importantes ; nous avions triomphé dans cent vingt combats et remporté vingt-sept victoires, dont huit en bataille rangée. *(Rapport de Carnot à la Convention).*

L'éminent et audacieux stratégiste qui, pendant cette période, a dirigé les opérations de nos armées, ainsi qu'en témoignent irréfutablement les instructions minutées de sa main, conservées aux Archives de la guerre; le savant ingénieur dont les conceptions brisèrent la coalition européenne et sauvèrent la France du sort de la Pologne ; celui qui a mérité d'être nommé le grand Carnot, au même titre que le vainqueur de Rocroi est appelé le grand Condé, était promu chef de bataillon, *par rang d'ancienneté*, le 22 Floréal, an III (11 mai 95).

VIII

Le 15 Ventôse (5 Mars 95), Carnot fut éliminé du Comité de Salut public par la voie du sort. Les patriotes de la Convention désiraient l'y maintenir; mais il refusa la candidature. Les raisons qui lui avaient fait accepter le poste redoutable et glorieux d'*organisateur de la victoire*, n'existaient plus : l'ennemi était expulsé de notre territoire et nos armées, aguerries, triomphantes, campaient sur le sien.

D'un autre côté, le vent soufflait à la réaction. Le parti thermidorien auquel Carnot prêta son appui contre l'ambition toute personnelle de Robespierre, se disposait à frapper ceux qui n'épousaient pas ses passions. C'est ainsi qu'au lendemain des journées de Prairial (20 et 22 Mai 95), les réacteurs, après avoir arraché de leur banc, pour les porter à l'échafaud, Romme, Duroi, Soubrani, Duquesnoy, Goujon, Bourbotte, *les derniers montagnards*, tournèrent leurs fureurs contre Carnot. Enhardis par l'arrestation de David, de Robert Lindet, de Jean-Bon-St-André, etc., etc., qui vient d'être ordonnée, les farouches de la droite demandent que la même mesure lui soit appliquée. Devant cette proposition, l'Assemblée reste muette et il semble que son silence soit un acquiescement, quand le breton Lanjuinais, indigné, s'écrie : « Oserez-vous porter la main sur celui qui a organisé la victoire dans les armées françaises ? » Toutes les clameurs se turent devant cette courageuse protestation. (Séance du 9 Prairial).

Aux élections qui eurent lieu après la session conventionnelle, la France prouva à Carnot qu'elle partageait à son endroit l'admiration de Lanjuinais. Il fut nommé député au Conseil des Anciens par *quatorze* départements, et opta pour la Sarthe, parce que ce fut la notification de cette élection qui lui arriva la première.

Au lieu d'une seule Chambre, la constitution de l'an III divisait le pouvoir législatif entre deux assemblées : le Conseil des Anciens et le Conseil des Cinq-Cents. En outre, elle créait un pouvoir exécutif qui, sous le nom de Directoire, devait être exercé par cinq membres. Aux termes de cette même constitution, le Conseil des Cinq-Cents devait présenter cinquante candidats sur lesquels le Conseil des Anciens désignerait les cinq directeurs. Dans un conciliabule préparatoire, la majorité du Conseil des Cinq-Cents, qui était républicaine, décida que chaque député adhérent inscrirait en tête de son bulletin les noms des cinq véritables candidats, — cinq régicides — soumis au scrutin du Conseil des Anciens, puis 45 noms obscurs. Les suffrages, exprimés en séance, désignèrent ces candidats dans l'ordre suivant : La Réveillère Lepeaux, Rewbell, Sieyès, Le Tourneur et Barras, choix qui fut confirmé par les Anciens.

Sieyès ayant décliné le mandat de directeur, Carnot fut élu à sa place, en concurrence avec Cambacérès, candidat de la droite (novembre 95). Par droit de services rendus pendant les temps les plus difficiles de la Révolution, il reprit dans son nouveau poste la haute direction des affaires militaires.

Il est généralement admis que c'est Barras qui, en souvenir de ses liaisons galantes avec Joséphine, la veuve du général Beauharnais, aurait donné, comme cadeau de noces a Bonaparte, son nouveau mari, le commandement de l'armée d'Italie. C'est là un point historique formellement contredit par Carnot, qui avait eu occasion d'apprécier les remarquables aptitudes de Bonaparte, l'ayant eu sous ses ordres au bureau de la guerre, en 94, et devenu l'un de ses visiteurs les plus assidus, quand il fut membre du Directoire. « Ce n'est pas Barras qui a proposé Bonaparte pour le commandement de l'armée d'Italie; c'est moi. Mais on a laissé filer le temps pour savoir comment il réussirait; et c'est parmi ses intimes seulement que Barras se vanta d'avoir été l'auteur de la proposition faite au Directoire. Si Bonaparte avait échoué, c'est moi qui était le coupable : j'avais choisi un jeune homme sans expérience, un intrigant; j'avais évidemment trahi la patrie. Les autres ne se mêlant point de la guerre, c'était sur moi que devait retomber toute la responsabilité. Bonaparte est triomphant : alors c'est Barras qui l'a fait nommer. c'est à lui seul qu'on en a l'obligation : il est son protecteur, son défenseur contre nos attaques. Moi, je suis jaloux de Bonaparte ; je le traverse dans tous ses desseins, je le persécute, je le dénigre, je lui refuse tout concours : je veux évidemment le perdre. »

Deux autres généraux possédaient, au même degré que Bonaparte, la confiance de Carnot : Hoche, le pacificateur de la Vendée, et Moreau, qu'il n'appelait que son « cher Fabius » et dont il ne prononça plus le nom après Dresde.

Bonaparte a justifié les grandes espérances de Carnot. Après Montenotte et Millesimo, il lui écrit : « Recevez mes félicitations. La France, l'Europe entière ont les yeux fixés sur vous ; vos triomphes sont ceux de la liberté. » Aprés Mondovi : « Espérez tout du génie de la République, de la bravoure du soldat, de l'union des chefs et de la confiance qu'on vous témoigne. Le Directoire attend tout du général qui commande l'intrépide armée d'Italie et de la sainteté de la cause pour laquelle les français combattent. » Après Lodi: «Le Directoire vous recommande d'accueillir et de visiter les savants et les artistes fameux du pays où vous êtes, et, lorsque vous vous serez emparé de Milan, d'honorer et de protéger particulièrement l'astronome Oriani, si connu par les services qu'il ne cesse de rendre aux sciences. »

De son côté, Bonaparte adressait à Carnot les assurances de sa plus entière considération. « Si l'on cherche à me mettre mal dans votre esprit, ma réponse est dans mon cœur et dans ma conscience. Je ne puis vous être utile qu'investi de la même estime que vous me témoigniez à Paris. J'ai commencé avec quelque gloire et je désire continuer d'être digne de vous. » — « La récompense la plus douce des fatigues, des dangers, des chances de ce métier-ci, se trouve dans l'estime du petit nombre d'hommes que l'on apprécie. Je mériterai votre estime et vous prie de me continuer votre amitié. » La correspondance devenant plus intime, il remercie Carnot de ses attentions pour Joséphine : « Je vous la recommande, elle est patriote sincère, et je l'aime à la folie. » Son frère Lucien le « compromet par son exaltation démagogique et ses mauvaises liaisons ; » il prie Carnot de l'éloigner : Lucien reçoit une mission pour l'armée du Nord. Jérôme, au contraire, lui donne beaucoup de satisfaction ; « il mérite tous les égards que vous voudrez bien avoir pour lui » : Jérôme est nommé capitaine.

Ces détails appellent une explication. Carnot caressait alors l'idée de faire de Bonaparte le Washington de la France !

Carnot, qui avait refusé d'être membre de l'Institut, à sa première formation, y remplaça Vendermonde, dans la section de mécanique, le 20 thermidor, an IV, (7 août 96). Pour répondre à l'honneur qui vient de lui être fait, il publia ses *Réflexions sur la métaphysique du calcul infinitésimal*, livre sur lequel Arago a porté ce jugement : « L'auteur analyse les traits fondamentaux et caractéristiques de la méthode leibnitzienne, avec une clarté, une sûreté de jugement et une finesse d'aperçus qu'on chercherait vainement ailleurs, quoique la question ait été l'objet des méditations et des recherches des plus grands géomètres de l'Europe. »

Barras et Rewbell avaient combattu de toute leur influence la candidature de Carnot au Directoire. Nous trouvons dans sa correspondance les motifs de leur opposition : « Rewbell était le patron des gens accusés de délapidations ; Barras celui des nobles tarés et des pourfendeurs » De tels gouvernants devaient mal s'accommoder du voisinage d'un homme austère. Restaient Le Tourneur, qui était camarade d'école de Carnot et officier d'artillerie, et le théophilanthrope La Réveillère Lepeaux, esprit mou, flottant, qui ne se déterminera qu'après longues réflexions. Malgré les manèges de Barras et de Rewbell pour gagner La Réveillère, celui-ci, Le Tourneur et Carnot formèrent, pour le plus grand bien de la République, la majorité du conseil directorial.

Les élections de l'an V ont grossi la minorité réactionnaire des deux Chambres. Toutefois, la majorité y est acquise aux principes de la Révolution. Sorti du Directoire par la voie du sort (juin 97), Le Tourneur y est remplacé par le négociateur du traité de Bâle, le ci-devant marquis de Barthelémy. Si les Anciens et les Cinq-Cents paraissent divisés sur la marche à suivre, il y a chez eux presque unanimité de sentiments à l'égard les Barras dont de mœurs satrapiques sont un scandale public. Sentant le terrain se dérober sous ses pas, le vainqueur de Vendémiaire fait appel à toutes ses roueries ; il intercepte toutes les issues qui mènent chez La Réveillère Lepeaux, et, cette fois, parvient à le détacher de Carnot. Parallèlement à cette négociation ténébreuse, il entre en pourparlers avec Bonaparte à qui il fait vaguement entrevoir un rôle prépondérant et dont l'ambition native s'enflamme comme un feu sur lequel on jetterait du pétrole. Pour cimenter son alliance avec Barras, le général en chef de l'armée d'Italie lui dépêche un homme de main, le général Augereau, et sachant l'accueil qui leur sera fait par l'avide directeur, il lui fait remettre en espèces sonnantes une part des dépouilles de la Vénétie.

En même temps qu'il marque son mépris pour

Barras, le général Bonaparte, révélant sa propre immoralité, envoyait son aide de camp Lavalette à Carnot pour lui renouveler l'assurance de son dévouement inaltérable. De quelque façon que tournent les évènements, ayant un pied dans chaque camp, le vainqueur devra tôt ou tard compter avec lui.

Augereau a été placé à la tête de la division de Paris. Les rôles subalternes sont distribués entre tous les conjurés. C'est l'heure d'agir.

Comme tous les membres du Directoire, Carnot logeait au palais du Luxembourg. Dans la soirée du 17 Fructidor, pendant son dîner, il reçoit une lettre anonyme l'avertissant de se mettre sur ses gardes, que ses jours sont en péril, qu'il ne s'agit rien moins que de l'égorger et que, très probablement, le crime dont il est menacé, sera tenté la nuit suivante. Il communique cet avis à quelques intimes, qui, à leur tour, le pressent de se mettre en sûreté. Il s'étonne de leur frayeur, les rassure et va se coucher en leur disant que la garde du Directoire saurait, au besoin, empêcher un assassinat. Avant de se mettre au lit, obéissant à la voix d'un instinct qu'il ne discute pas, il place, à portée de sa main, la clef d'une des grilles du jardin du Luxembourg. Un de ses frères, Carnot-Feulins, qui était général du génie, et un autre de ses amis, se font un devoir de veiller, et, à son insu, se tiennent tout armés dans un cabinet attenant à sa chambre à coucher. Il est trois heures du matin. De sourdes rumeurs les avertissent d'un rassemblement dans la cour du palais. Feulins envoie son camarade en reconnaissance. Plus de doute; ce sont les *bravi* qui s'avancent. Il court au lit de son frère qui s'habille à la hâte, s'échappe par un escalier dérobé, gagne les jardins, et, grâce à la clef protectrice, se joue des sicaires de Barras.

Le 18 Fructidor, dès le matin, le canon d'alarrme réveillait les Parisiens. Un arrêté, signé par les trois directeurs factieux et placardé à profusion, les avertit que la patrie vient d'être sauvée! La Constitution violée; Carnot, Barthelémy et cinquante-trois députés déportés sans jugement; les élections annulées dans cinquante départements; la liberté de la presse suspendue, quarante-deux journaux frappés dans la personne de leurs principaux rédacteurs : tel est le bilan du 18 Fructidor, an V (4 septembre 97), cette préface du 18 Brumaire.

Ironie du sort, pendant que les plus fins limiers de la police étaient mis sur les dents pour découvrir sa trace, Carnot recevait l'hospitalité chez un membre du Conseil des Cinq-cents, qui s'était déclaré pour le coup d'Etat. Ne consultant que son grand cœur, madame Oudot fit savoir à Carnot qu'il trouverait asile chez elle et ne prévint son mari de sa noble conduite que lorsqu'il ne pouvait plus qu'y applaudir, à moins d'être le dernier des hommes.

Le bruit, que Carnot s'était brulé la cervelle à quelques lieues de Paris, s'accrédita à ce point que deux publications racontèrent simultanément cet évènement avec les plus grands détails. Au bout d'un mois et alors que la surveillance paraissait moins active, Carnot, coiffé d'une perruque qui le rendait méconnaissable, d'un chapeau de quaker et vêtu d'une redingotte à l'avenant, quitta Paris et gagna Genève. Au lendemain de son arrivée, il s'aperçoit qu'il est filé par un espion. Sans hésiter, il dit à son hôtesse qui il est et les dangers suspendus sur sa tête. Sur le champ, l'excellente personne l'habille en garçon blanchisseur, lui met un fardeau de linge sur les épaules, et, à la faveur de ce déguisement, il sort de la maison au moment où des soldats s'avançaient pour la cerner.

Après vingt aventures où le plaisant le dispute au dramatique, il arriva à Augsbourg où il s'installa sous le nom de Jacquier et où il écrivit (mai 98), sa *Réponse au Rapport de Bailleul*, l'apologiste du 18 Fructidor, laquelle se termine par cette touchante prière : *O Dieux! faites que je puisse supporter l'injustice !*

IX.

Au mépris des droits les plus sacrés, le Triumvirat directorial mit le comble à ses infamies, en excluant Carnot de l'Institut où il fut remplacé par le général Bonaparte.

Par un jeu de fortune, le 18 Brumaire dont il eut été l'un des adversaires les plus déclarés, s'il se fut trouvé à Paris, lui rouvrit les portes de la France. Cédant à la voix générale qui réclamait énergiquement la liberté pour les victimes de Fructidor, Bonaparte déchira l'édit de proscription rendu par les Directeurs qu'il vient de renverser. Carnot fut interné à Paris et placé sous la surveillance de la police. Sous la pression de la reconnaissance nationale qui resta invariablement fidèle à *l'organisateur de la Victoire*, le nouveau pouvoir le nomma (Février 1800) inspecteur-général aux revues, avec la présidence de l'administration militaire. Quelque temps après, le premier Consul lui fit offrir le ministère de la Guerre qui était occupé par le général Berthier. Devinant qu'il ne serait dans ce poste que le commis des volontés altières de Bonaparte, il refusa. Mais celui-ci, qui s'étudiait alors à capter l'opinion publique, insista et lui envoya son collègue au Consultat, le futur duc de Plaisance, Lebrun, qui finit par vaincre ses résistances, lui assurant que Bonaparte lui laisserait toute latitude et qu'il faisait appel à son patriotisme pour réparer le désordre dans l'administration des affaires militaires. Carnot céda devant cette dernière considération et prit le portefeuille de la guerre le 12 Germinal, an VIII (2 Avril 1800).

Ce désordre, Bonaparte le constate dans une lettre qu'il écrivait de Dijon à Carnot, le 15 Prairial suivant. « Les conscrits étaient sans armes, les vieux soldats sans habits, les magasins sans approvisionnements. » Tenue au courant de ces détails par ses espions, l'Autriche publiait que nous ne pourrions entrer en campagne avant le mois d'Août. L'activité de Carnot mit promptement fin à cette situation et ses soins intelligents préparèrent à nos armes deux des triomphes les plus éclatants du cycle révolutionnaire. L'armée d'Italie, sous les ordres de Bonaparte, franchissait le Saint-Bernard et le Saint-Gothard le 17 mai, tombait sur les Autrichiens à Montebello le 9 juin et les écrasait à *Marengo* le 14 ; tandis que l'armée du Rhin, commandée par Moreau, les culbutait à Biberach le 9 Mai, à Hochstedt le 19 juin et achevait leur défaite à *Hohenlinden*, le 3 décembre.

Toujours citoyen, Carnot dans ses tête-à-tête avec Bonaparte, garda constamment son franc-parler. La veille du passage des Alpes, il lui tint ce fier langage : « Vous avez à choisir dans l'histoire, la place d'un Cromwell ou d'un Washington. Si vous choisissez mal vous tomberez de haut. » Une pareille attitude ne pouvait manquer d'irriter le corse orgueilleux qui faisait profession de mépriser les hommes et allait bientôt imposer la marche rampante des Orientaux à ceux qui l'approcheront. Leurs rapports ne tardèrent pas à s'en ressentir. Se confiant à ses intimes, « pourquoi faut-il leur disait Carnot, que ce diable d'homme n'ait qu'une ambition déraisonnable, d'idées suivies que pour ce qui le concerne personnellement ? Le malheureux ! il va tout gâter. Quel dommage ! Il avait table rase. Ah ! qu'il aurait pu faire du bien ! » Son *Crescendo* inconsidéré me fait trembler pour lui, et pour la France bien davantage. » Une autre fois : « Cet homme ne marche pas droit ; il lui faut des ministres pour la forme, des ministres à lui et non des *Ministres Français*. — A votre place, j'enverrais tout cela au diable, lui répliqua l'un d'eux. — Ah ! cela serait vite fait, si une pareille rupture n'était pas en ce moment préjudiciable aux succès de nos armées. »

Après six mois de gestion, n'y tenant plus, il envoie sa démission, prétextant, ce qui était vrai, sa mauvaise santé. Mais Bonaparte exigea en quelque sorte qu'il gardât son portefeuille. « Vous avez amélioré l'administration de la guerre, lui écrivit-il ; mais il reste encore de plus grandes améliorations à faire : il faut que votre ministère, quand vous le quitterez, ait tracé une marche d'économie et d'ordre, dont l'influence se fasse longtemps sentir. Des indispositions passagères, ne peuvent être suffisantes pour vous empêcher d'achever votre ouvrage. » Carnot consentit à rester. Quinze jours plus tard, de nouveux froissements indirects de la part du premier Consul, le rendirent inébranlable: il démissionna de nouveau, bien résolu, cette fois, à ne plus se laisser circonvenir.

Comme il s'était démis de ses fonctions d'inspecteur aux revues, en entrant au ministère, Carnot, après plus de vingt-cinq années de service effectifs se trouvait sans position. D'accord en cela avec un grand nombre de ses frères d'armes, Berthier, qui avait repris le portefeuille de la guerre, songea à régulariser la position du vainqueur de Wattignies. A cet effet, il rédigea tout à sa louange, un rapport concluant à lui faire conférer le grade de lieutenant-général du génie. Sa proposition lui revint le lendemain, portant en marge cette annotation de la main de Bonaparte : « *Carnot ne doit rien être dans une République* ».

Cette petitesse d'esprit, il la manifestera de nouveau à la première occasion. Plusieurs sièges étaient vacants au Sénat. Le général Clarke ayant prononcé à ce sujet le nom de Carnot, Bonaparte répliqua : « Il devait être au Sénat ; mais c'est au Corps législatif ou au Tribunat de le désigner. » Quelques mois plus tard, il était choisi comme candidat sénatorial par le département de la Côte-d'Or. C'était mettre la bonne foi de Bonaparte au pied du mur : il écarta la candidature de son ancien protecteur.

Pendant son ministère, Carnot avait été réélu membre de l'Institut, en remplacement du physicien Leroy. Rendu à la liberté de ses goûts pour les sciences, il mit la dernière main à deux ouvrages qu'il avait ébauchés pendant son exil : un traité de la *Corrélation des figures de géométrie* et la *géométrie de position*, qui parurent, le premier en 1801, le second en 1803, et ont prit place dans la philosophie de la science.

Aux termes de la Constitution de l'an VIII, le Sénat devait élire chaque année, vingt membres du Tribunal en remplacement d'un nombre égal de sortants, et ces candidats, désignés par l'ensemble des départements, figuraient sur une liste générale, appelée *liste nationale*. Porté sur cette liste par les électeurs du Pas-de-Calais, Carnot devint, par le choix du Sénat, membre du Tribunat en 1802. Bonaparte en exprima son mécontentement à plusieurs sénateurs, notamment à Cambacérès et à François de Neufchâteau.

La conclusion d'un Concordat avec Rome, l'abandon du calendrier républicain, le rétablissement de l'esclavage dans nos colonies et de la marque, indiquaient aux yeux les moins clairvoyants les étapes de Bonaparte vers la restauration du pouvoir monarchique. A cet égard, la présentation d'un projet de loi (15 mai 1802), relatif à la création de la légion d'honneur, dissipa tous les doutes. Au Tribunat, Carnot fut un des trente-huit membres qui votèrent contre cette proposition. Au milieu de nos mœurs du jour, ce vote surprend comme la détonation d'un coup de feu dans une Académie. Et pourtant, rien n'était plus logique en 1802. Le projet de loi fut courageusement combattu au Conseil d'Etat, par Berlier, qui déclara l'institution proposée attentoire à l'esprit de la République et qualifia de « hochets de la monarchie » les distinctions projetées, diatribe à laquelle Bonaparte, qui assistait à la séance, répondit : « C'est avec des hochets que l'on mène les hommes. »

Ce qui, d'ailleurs, établit mieux que tous les raisonnements la répulsion publique, c'est le résultat du vote émis dans trois assemblées alors par des hommes triés en quelque sorte parmi les moins hostiles aux institutions consulaires. Au Conseil d'Etat, la création de la légion d'honneur n'obtint que quatorze voix contre dix, au Tribunat, que cinquante-six contre trente-huit, et au Corps législatif que cent-soixante-six contre cent-dix. « Ceux qu'on investit du nouvel ordre de chevalerie en furent presque honteux, et le reçurent comme une sorte de dérision.» (Mignet, *Histoire de la Révolution Française*). Et c'est dans l'armée que se manifesta l'opposition la plus vive. Les temps ont bien changé. — Tandis que Bonaparte prodiguait les hauts titres à ses courtisans, par une distinction puérile, Carnot ne fut creé que simple chevalier du nouvel ordre.

Par un Senatus-Consulte organique du 6 mai 1802, Bonaparte a été nommé premier Consul pour dix ans. Mais cette prolongation de ses pouvoirs ne le satisfait qu'à demi et des registres tendant à recueillir les voix des électeurs qui le veulent Consul à vie, ont été ouverts sur toute l'étendue de la République. Un registre spécial a été affecté à chaque grand Corps de l'Etat. En voyant entrer Carnot pour émettre son vote, beaucoup de ses collègues, qui connaissent ses dispositions et semblent l'attendre au passage, l'entourent aussitôt et le conjurent de ne pas tenter une opposition stérile. Sans leur répondre, il s'approche du registre, y écrit ces mots : « Dussé-je signer ma proscription, rien ne saurait me forcer à déguiser mes sentiments. NON » ; et il se retira silencieusement. Grand émoi chez les tribuns ; l'annotation dont Carnot a fait précéder son vote leur semble le coup de pioche qui va faire crouler le Tribunat sur leurs têtes. Des négociateurs lui sont envoyés pour le supplier de biffer cette annotation. Devant leurs perplexités, il consent à la raturer. Mais cette rature appelle l'attention et le premier Consul voudra connaître la phrase biffée. Conférence chez Lucien, qui était membre du Tribunat. On y décide de jeter au feu le registre maculé et d'en établir un autre qui fut présenté à la signature de tous les tribuns rassurés et sur lequel Carnot se borna à écrire NON tout court.

Le vote de Duchesne porta à deux les voix opposantes.

Le Consulat à vie ne suffit pas à l'insatiable ambition de Bonaparte. Invité par celui-ci à se prononcer clairement sur certains vœux exprimés à la suite de la conspiration de Georges Cadoudal, « le Sénat pense qu'il est du plus grand intérêt du peuple français de confier le gouvernement de la République à Napoléon Bonaparte, empereur héréditaire. » Portée au Tribunat par Curée, cette notion y fut accueillie avec la plus grande faveur. Jugeant qu'il y avait pour lui un autre devoir que la résistance muette, Carnot se leva et combattit la proposition dans un discours dont nous extrayons les passages suivants :

«.... Je suis loin de vouloir atténuer les louanges données au premier Consul; mais quelque service qu'un citoyen ait pu rendre à sa patrie, il est des bornes que l'honneur, autant que la raison, imposent à la reconnaissance nationale. Si ce citoyen a restauré la liberté publique, s'il a opéré le salut de son pays, est-ce une récompense à lui offrir que le sacrifice de cette même liberté? Et ne serait-ce pas anéantir son propre ouvrage que de faire de ce pays son patrimoine particulier?

« Du moment qu'il fut proposé au peuple français de voter la question du Consulat à vie, chacun put aisément juger qu'il existait une arrière-pensée et prévoir un but ultérieur : on vit se succéder une foule d'institutions évidemment monarchiques. Aujourd'hui se découvre enfin d'une manière positive le terme de tant de préliminaires...»

« Tous les arguments présentés jusqu'à ce jour sur le rétablissement de la monarchie en France, se réduisent à dire que, sans elle, il n'existe aucun moyen d'assurer la stabilité du Gouvernement et la tranquillité publique, d'échapper aux discordes intestines, de s'unir contre les ennemis du dehors; qu'on a vainement essayé le système républicain de toutes les manières possibles; qu'il n'est résulté de tant d'efforts que l'anarchie, une révolution prolongée ou sans cesse renaissante, la crainte perpétuelle de nouveaux désordres, et par suite un désir universel et profond de voir rétablir l'antique gouvernement héréditaire, en changeant seulement la dynastie. C'est à cela qu'il faut répondre.

« J'observerai d'abord que le gouvernement d'un seul n'est rien moins qu'un gage de stabilité et de tranquillité. La durée de l'empire romain ne fut pas plus longue que l'avait été celle de la République. Les troubles y furent plus grands, les crimes plus multipliés. La fierté républicaine, l'héroïsme, les vertus mâles y furent remplacés par l'orgueil le plus ridicule, la plus vile adulation, la cupidité la plus effrénée, l'insouciance la plus absolue sur la prospérité nationale... »

« La liberté fut-elle donc montrée à l'homme pour qu'il ne put jamais en jouir? Fut-elle sans cesse offerte à ses vœux comme un fruit auquel on ne peut porter la main sans être frappé de mort? Non, je ne puis consentir à regarder ce bien si universellement préféré à tous les autres, sans lequel tous les autres ne sont rien, comme une simple illusion! mon cœur me dit que la liberte est possible, que le régime en est facile et plus stable qu'aucun gouvernement arbitraire. J'ai voté contre le Consulat à vie; je vote de même contre le rétablissement de la monarchie. »

Duchesne ayant donné sa démission, Carnot fut le seul tribun qui protesta contre l'établissement de l'empire

X.

Fidèle au devoir qu'il s'était tracé de se soumettre aux lois de son pays, Carnot continua de siéger au Tribunat jusqu'à sa suppression (septembre 1807). Sorti de la vie politique pour la seconde fois, il se réfugia dans l'étude et les joies de la famille. A l'exemple de Cicéron, après Pharsale, ne pouvant plus se dévouer à la République, il reprit les travaux de sa jeunesse. Il devint un des membres les plus laborieux de l'Institut. « Presque tous les mémoires de mécanique soumis au jugement de la première classe lui étaient renvoyés, dit Arago ; sa rare sagacité en signalait, en caractérisait, en faisait ressortir les parties neuves et saillantes avec une clarté et une précision remarquables. »

Fulton, qui savait l'accueil éclairé que Carnot faisait à toutes les propositions intéressant le progrès, lui soumit ses idées sur la navigation à vapeur. On sait avec quel dédain la plupart de nos savants traitèrent l'ingénieux américain. « Si j'avais encore l'honneur d'être ministre de la guerre, lui déclara Carnot, je n'hésiterais pas un instant à vous donner les moyens de faire cet essai, dont l'entière réussite est indubitable et dont j'entrevois les immenses résultats pour l'avenir. »

Jacquard, l'inventeur du métier qui porte son nom, et Joseph Niepce, l'un des chimistes auxquels noue sommes redevables de la photographie, reçurent les encouragements tout particuliers de Carnot.

C'est sur ses instances que Joseph Mongolfier, l'inventeur des aérostats, et Monsigny, le ravissant compositeur du *Cadi*, de *Rose et Colas*, du *Déserteur*, d'*Aline, reine de Golconde*, furent admis à l'Institut. Quelque-uns de ses collègues reprochaient son grand âge à Monsigny, qui avait alors 84 ans ; d'autres le traitaient de faiseur de chansonnettes. Se faisant un argument de la première objection. « Ses concurrents peuvent attendre, leur dit Carnot; et ce serait une honte si le créateur de notre opéra-comique venait à mourir sans avoir figuré sur le tableau de l'Institut. » Il y remplaça Grétry, qui l'appelait « le plus chantant des musiciens. »

A l'encontre de la plupart des hauts fonctionnaires de l'Etat, Carnot s'était appauvri au service de son pays, et, en quittant les fonctions publiques, il se trouva sans-retraite militaire ni civile. Sur les pressantes démarches de son compatriote et ami Maret, duc de Bassano, le rédacteur habituel des bulletins de la grande Armée, Napoléon lui assigna, en juin 1809, une retraite de dix mille francs, au titre d'ancien ministre de la guerre. Le difficile était de la lui faire accepter. Une loi de juillet 1792 et un arrêté directorial de messidor an VII, enjoignaient aux commandants de forteresse de ne point capituler avant d'avoir repoussé au moins un assaut au corps de place, sur des brèches praticables. Nonobstant ces prescriptions, plusieurs villes avaient opposé peu de résistance à l'ennemi, et Napoléon en était frappé et irrité. Il s'agissait de prévenir le retour de ces défaillances. — Pour ménager la fierté de Carnot, il fut convenu entre Napoléon, Maret et le général Clarke, qui était alors ministre de la guerre, que sa pension de retraite serait à la fois la récompense de ses services antérieurs et d'un traité sur la défense des places dont la rédaction lui était confiée. Il accepta, se mit allègrement à l'œuvre et, au bout de six mois de travail, son traité était livré à l'impression.

Convaincu, à juste titre, que la défaillance morale figure au premier rang des causes diverses de la capitulation des places, Carnot s'attache tout d'abord à relever les caractères. Il s'efforce d'inspirer aux gouverneurs le sentiment de leurs devoirs, aux garnisons la bonne opinion de leurs moyens de défense et la confiance aux habitants des villes assiégées. Non seulement il pose en principe qu'une garnison doit se défendre et peut le faire, avec espoir de salut, aussi longtemps qu'elle n'a pas épuisé ses vivres et ses munitions de guerre ; mais il déclare que, même privé d'armes à feu, l'assiégé doit convertir en moyens de défense, les pierres et les pavés des forteresses, se servir de la fronde et de l'arbalète. D'une seule de ces forteresses, la plus humble, peut dépendre le sort du pays : « C'est le poste d'honneur, c'est le passage des Thermopyles. Que dirait l'Histoire aujourd'hui de Léonidas et de ses compagnons, s'ils avaient capitulé ? »

Les exemples de villes qui durent leur salut à la persévérance de leurs défenseurs, ou qui succombèrent vaillamment, abondent sous la plume : Sagonte, Numance, Alésia, Beauvais sauvé par Jeanne Hachette, Orléans par Jeanne d'Arc, *Metz* repoussant Charles-Quint, La Rochelle résistant à Richelieu. « N'espérons pas obtenir d'effet sans cause, un noble dévouement sans un ressort qui élève puissamment l'homme au-dessus de lui-même. Combien sont coupables ceux qui cherchent à comprimer ce ressort, à raisonner quand il ne faut qu'agir, à ralentir l'impulsion d'un sentiment qui ne se définit pas, mais qui est l'unique principe de tout ce qui se fait de beau et de grand dans le monde. »

Aussitôt paru, le traité de la *Défense des places*, qui est resté classique chez les hommes de guerre, fut traduit dans toutes les langues de l'Europe. Si l'histoire n'avait pas enregistré le fait dans toute sa brutalité, ce serait à le mettre en doute : Carnot, qui avait demandé à Napoléon la permission de lui offrir le premier exemplaire de son ouvrage, n'en reçut pas de réponse; il n'en reçut pas d'avantage quand il le lui fit remettre par le ministre de la guerre ! Et la raison d'une telle grossièreté, il faut la chercher dans l'absence, au livre de Carnot, de toute platitude devant le Cézar français.

L'horizon s'est assombri. Les revers ont succédé à l'épopée impériale. Naguère victorieux, à Smolensk et à la Moskowa, nos intrépides soldats, vaincus par le climat de la Russie, sont tombés par centaines de mille, et depuis Borodino jusqu'au Niémen, en passant par le Borysthène et la Bérésina, leurs cadavres, abandonnés aux vautours et aux loups, jalonnent les chemins sur un parcours de plus de cent lieues. Notre déroute de Leipzig (octobre 1813), a été le signal d'un soulèvement général; comme aux jours de 93, l'Europe entière est levée contre nous. Les troupes alliées s'élèvent à plus d'un million d'hommes auxquels nous ne pouvons opposer que 350 mille combattants. Elles s'avancent à marches forcées et leurs têtes de colonnes franchissent nos frontières de l'Est dans les premiers jours de 1814.

Une âme moins haute que celle de Carnot se serait souvenue du dernier affront de Napoléon. Mais, devant la France envahie, il oublie le despote d'hier pour ne voir en lui que le défenseur de la patrie en danger, et le 14 janvier, il lui adressait la lettre suivante :

« Sire,

« Aussi longtemps que le succès a couronné vos entreprises, je me suis abstenu d'offrir à votre

Majesté des services que je n'ai pas cru lui être agréables. Aujourd'hui que la mauvaise fortune met votre constance à une grande épreuve, je ne balance plus à vous faire l'offre des faibles moyens qui me restent. C'est peu de chose, sans doute, que l'effort d'un bras séxagénaire; mais j'ai pensé que l'exemple d'un soldat dont les sentiments patriotiques sont connus, pourraient rallier à vos aigles beaucoup de gens incertains du parti qu'ils doivent prendre, et qui peuvent se laisser persuader que ce serait servir leur pays que de les abandonner

« Il est encore temps pour vous, Sire, de conquérir une paix glorieuse et de faire que l'amour d'un grand peuple vous soit rendu. »

Napoléon le prit au mot. S'adressant à Clarke, ministre de la guerre : « Dès que Carnot m'offre ses services, il sera fidèle au poste que je lui confierai. Je le nomme gouverneur d'Anvers ; c'est une des clefs de l'Empire, notre arsenal maritime et notre boulevard aux frontières du nord. Expédiez-lui ses pouvoirs sur-le-champ, et dites-lui bien que je lui confie la première place de la France. »

Lorsqu'il fallut rédiger le brevet du nouveau gouverneur, les commis de la guerre se trouvèrent fort embarassés. L'homme qui avait organisé et dirigé les armées de la République, nommé les généraux en chef, y compris Bonaparte, n'avait d'autre grade que celui de chef de bataillon. On se rappela qu'il avait été inspecteur-général aux revues, et, bien qu'il se fut démis de ses fonctions, comme elles donnaient le grade de général de division, c'est, en dépit de l'irrégularité, ce titre qui fut porté sur la commission de Carnot.

Il était à son poste le 2 février. Outre ses immenses richesses et son importance stratégique, la ville d'Anvers offrait alors un grand appât à l'ennemi : huit cents bouches à feu dans son arsenal et sur ses remparts, vingt-trois bâtiments de guerre dans ses bassins et dix-sept sur ses chantiers. Trois armées la menaçaient : une armée prussienne sous le général Bulow, une armée Anglaise commandée par le général Graham, une armée suédoise aux ordres de l'ancien jacobin Bernadotte, devenu prince royal de Suède. Les défenseurs d'Anvers s'élevaient à 11,500 hommes dont plus de la moitié était fournie par des dépôts de divers régiments. Le général Maison, commandant en chef de notre premier corps d'armée, était chargé de couvrir la place.

Tel était le degré de confiance qu'inspirait la haute réputation militaire de Carnot, que les Anversois, en apprenant sa nomination, s'écrièrent tout d'une voix : « Nous sommes sauvés ! » L'exiguité de notre cadre ne nous permettant pas d'entrer dans le détail des péripéties d'un siège qui dura soixante-dix jours, nous nous bornerons à dire que le gouverneur d'Anvers y appliqua résolument les théories développées dans son traité de la défense des places. Mais ce serait faillir à notre tâche, si nous ne mettions pas en saillie le civisme et la fermeté qu'y déploya l'indomptable patriote.

Sans se préoccuper des bruits alarmants répandus par les généraux assiégeants, et méprisant leurs menaces non moins que leurs tentatives de corruption, Carnot ne s'appliqua qu'à remplir son devoir de soldat, bien résolu à s'ensevelir sous les ruines d'Anvers plutôt que de capituler.

Dès le 11 février, le général Bulow lui adressait cette lettre insidieuse : « Votre Excellence connait l'état de sa patrie aussi bien et peut-être mieux que moi. Les grandes armées sont à quinze lieues de Paris.... Partout, au cœur de la France même, l'esprit du peuple nous prouve que nous sommes les bienvenus... Que votre Excellence se mette à la tête d'un peuple qui brise ses fers, qu'elle prépare le bien futur de la France et qu'elle s'immortalise en formant un parti décidé à délivrer sa patrie....» J'ai trop à cœur de conserver l'estime dont vous me donnez le témoignage dans votre lettre, lui répliqua Carnot, pour ne pas défendre par tous les moyens qui sont en mon pouvoir, le poste honorable qui m'a été confié par l'Empereur des Français. »

Le 26 mars, le général Maison lui écrit :

« L'intention de sa majesté est que je retire toutes les troupes de ligne qui se trouvent à Anvers et que je renforce d'autant mon corps d'armée. Sa Majesté pense qu'il restera trois mille marins qui suffiront pour la défense de la place. »

— « En obtempérant aux ordres de l'Empereur, lui répondit Carnot, je suis obligé de vous déclarer que ces ordres équivalent à celui de rendre la place. Il ne reste plus ici qu'à se déshonorer ou à mourir. Je vous prie de croire que nous sommes tous décidés à ce dernier parti. » En envoyant au ministre de la guerre copie de sa dépêche au général Maison, il ajoutait : « Quand j'ai offert mes services à l'empereur, j'ai bien voulu lui sacrifier ma vie, mais non mon honneur. Vous savez, Monsieur le Ministre, que je ne suis pas dans l'usage de dissimuler. La vérité est que l'état où vos ordres me réduisent est cent fois pire que la mort, puisque je n'ai pas de chance, pour sauver le poste qui m'est confié, que dans la lâcheté de l'ennemi. »

Les représentations de Carnot firent une telle impression sur le général Maison pu'il prit sur lui de n'obéir qu'a demi aux ordres ministériels.

Les Alliés sont entrés dans Paris le 31 mars.

Le dix avril, un parlementaire suédois apporte à Carnot une lettre de Bernadote, « Vous verrez, par les communications que mon aide-de-camp est chargé de vous faire, que l'empereur Napoléon est déchu, et que le Sénat allait offrir la couronne à Louis XVIII. En vous proposant de remettre la forteresse dont vous avez le commandement, et de joindre vos troupes à celles que je mène à la conquête de la paix, je vous témoigne mon désir de conserver à la France un homme qui lui peut encore être si utile par ses talents distingués, et je vous donne la preuve la plus solennelle de l'estime et de la considération que je vous ai toujours portées. » — « C'est au nom du Gouvernement français que je commande la place d'Anvers, lui répondit Carnot : lui seul a le droit de fixer le terme de mes fonctions. »

Le lendemain, 11 avril, le premier courrier qui fut venu de Paris depuis le 2 février, entra dans Anvers, avec des journaux remplis de détails sur la prise de la capitale.

Le 12, arrivée d'un aide-de-camp du nouveau ministre de la guerre, le général Dupont. Le vaincu de Baylen écrivait à Carnot : « Par acte du Sénat conservateur, Napoléon Bonaparte a été déclaré déchu du trône et le droit d'hérédité établi dans sa famille, a été aboli.

« J'ai l'honneur de vous adresser tous les actes émanés à ce sujet, du Sénat conservateur, du Corps législatif et du Gouvernement provisoire. Je ne doute pas qu'après en avoir pris connaissance, vous ne répondiez à l'appel fait à tous les vrais français, c'est-à-dire à ceux que touchent les noms d'honneur et de patrie.

« Je vous invite, général, à me faire connaître le plus promptement possible, votre acte personnel d'adhésion ainsi que celui des troupes sous vos ordres. »

Sans mettre en doute les évènements dont le ministre l'entretient, Carnot lui répond qu'il ne se trouve pas suffisamment éclairé ; « qu'il ne peut regarder comme parfaitement libres des actes émanés des grandes autorités de l'Etat, pendant que l'ennemi est maître de la capitale ; qu'il n'a pas reçu l'acte formel de l'abdication de l'Empereur ; qu'une grande partie des membres du Sénat et du Corps législatif paraît ne pas avoir pris part aux délibérations, qu'il est possible qu'il se trouvent réunis ailleurs et qu'ils prennent des décisions opposées ; qu'un ajournement, jusqu'à plus ample informé, lui parait être sans inconvénient majeur ; et qu'enfin, c'est à l'empereur Napoléon qu'il a fait serment de fidélité et qu'il doit le tenir jusqu'à ce qu'il lui soit démontré que son gouvernement a cessé d'être légitime. »

Provoquée par un arrêté du Gouvernement provisoire, qui permettait aux conscrits de rentrer dans leurs foyers, la désertion devint effrayante.

Voici en quels termes Carnot s'exprime sur cet arrêté, dans une lettre qu'il adressait au général

Dupont, le 14 avril : « L'envoi que vous m'avez fait d'un aide-de-camp portant la cocarde blanche, est une calamité. Les uns ont voulu l'arborer sur le champ, les autres ont juré de défendre Bonaparte; une lutte sanglante en eût été le résultat immédiat, si, sur l'avis de mon conseil, je n'eusse pris le parti de différer mon adhésion et celle de la force armée. On veut donc la guerre civile ; on veut que l'ennemi se rende maître de nos places ; et parce que la ville de Paris a été contrainte de recevoir la loi du vainqueur, il faut que toute la France la reçoive ! Quoi ! vous ne nous permettez pas seulement de sauver notre honneur ! Vous devenez vous même fauteurs de la désertion, provocateurs de la plus monstrueuse anarchie ! Les leçons de 92 et 93 sont perdues pour les nouveaux chefs de l'Etat.. O jours d'affliction et de flétrissure ! Heureux sont ceux qui ne vous ont pas vus ? »

Le 19 avril, le général Maison informe Carnot que son corps d'armée et la France presque entière ont reconnu Louis XVIII pour souverain, et lui demande sa propre adhésion pour l'envoyer à Paris. Ce n'est que deux jours après et alors qu'aucun doute n'était plus permis, qu'il prit sa décision. Avant de remettre au fourreau l'épée qui a défendu à la dernière minute la cause française contre l'étranger, il adressa la proclamation suivante à ses compagnons d'armes.

« Soldats,

« Nous sommes restés fidèles à l'empereur jusqu'à ce qu'il nous ait lui-même abandonnés. Aucun doute raisonnable ne pouvant plus s'élever sur le vœu de la nation française en faveur de la dynastie des Bourbons, ce serait nous mettre en révolte contre l'autorité légitime que de différer plus longtemps à la reconnaître. Nous avons dû procéder avec circonspection; nous avons dû nous assurer que le peuple français ne recevait cette grande loi que de lui-même. Un gouvernement établi dans une ville occupée par des armées étrangères avec lesquelles il n'existe point de traité de paix, a dû quelque temps nous inspirer des craintes sur la liberté de ses délibérations. Ces craintes sont dissipées par les vœux unanimes des villes éloignées du théâtre de la guerre.

« L'avènement du nouveau roi au trône de ses ancêtres sera bien plus glorieux, appelé par l'amour des peuples, que reçu par la terreur des armes. »

Hélas! il faut bien le reconnaître, les dernières années du régime impérial avait tellement lassé la France, que les fils de 89 accueillirent comme une délivrance le premier retour des Bourbons.

Les conquêtes de la Révolution ont été abandonnées d'un trait de plume. Par la honteuse convention signée à Paris, le 23 avril, entre le comte d'Artois, lieutenant-général du royaume, et les puissances alliées, notre territoire fut réduit à ce qu'il était le 1er janvier 1792. Cinquante et une places fortes que nous occupions encore, étaient remises aux Alliés, avec leur dotation qui représentait un milliard et demi de valeur.

Carnot, qui avait obtenu à grand peine du ministre de la guerre qu'on lui épargnat la douleur de remettre lui-même aux mains de l'ennemi la place d'Anvers, rentrait à Paris dans les premiers jours de mai.

XII

Les Bourbons « n'ont rien oublié ni rien appris. »

Le Sénat a rédigé une constitution à laquelle le ci-devant comte de Provence, « frère du dernier roi », doit prêter serment. Mais celui-ci n'accepte pas qu'on le dise « appelé librement au trône par le peuple français. » Il prétend régner en vertu du droit divin ; il refuse d'*accepter* une Charte, il veut l'*octroyer*. Et comme si la France était restée en sommeil depuis la mort du Dauphin, fils de Louis XVI, il se proclame roi de France et de Navarre, depuis l'année 1795.

Le manifeste de Saint-Ouën (2 mai 1814) promettait la liberté des cultes, déclarait la vente des biens nationaux irrévocable et l'admission de tout français à tous les emplois publics. Au lendemain de cet engagement royal, toutes les charges de l'ancienne cour, y compris celle de confesseur du roi, sont retablies et données aux émigrés ; le chancelier du royaume déclare aux Chambres assemblées que Louis XVIII « tient son autorité de Dieu et de ses ancêtres » ; quinze mille officiers, encore pleins de vigueur, sont mis à la retraite ou renvoyés en demi-solde, et leurs grades sont conférés à des gentilshommes qui n'ont jamais manié un arme de guerre ou qui n'ont combattu que contre la France dans les rangs des armées étrangères ; une loi défend sous peine d'une amende de 100 a 500 fr., sans préjudice des poursuites judiciaires, de travailler les dimanches et jour fériés, avec injonction pour les traiteurs et les cafetiers, de fermer, ces mêmes jours, leurs établissements depuis huit heures du matin jusqu'à midi ; il est prescrit à tous les habitants, sans distinction de culte, de tapisser leurs demeures au passage des processions catholiques; les acquéreurs des biens nationaux sont publiquement traités de voleurs et frappés d'anathème par le clergé qui leur refuse, ainsi qu'à tous les membres de leur famille, les sacrements de l'Eglise; les émigrés sont remis en possession de leurs biens non vendus et il est créé un fonds de rentes destiné aux anciens propriétaires des biens vendus, avec cette disposition menaçante « que les émigrés conservaient un droit de propriété sur leurs anciens biens. »

On a dit, avec raison, que Bonaparte prépara le lit des Bourbons; il est non moins vrai que leurs offenses à la nation préparèrent le retour de Bonaparte. En apprenant cette dernière mesure, il s'écria : « *La France est à moi !* »

Parti secrètement de l'île d'Elbe, dans la nuit du 25 au 26 février, Napoléon débarquait au golfe Juan le 1er mars, entrait à Grenoble le 6, à Lyon le 10 et à Paris le 20, recueillant partout d'unanimes vivats provoqués par ses proclamations qui garantissent aux Français la conservation de leurs propriétés, l'égalité entre toutes les classes, et rappellent aux vétérans des armées du Nord, du Rhin, de Sambre-et-Meuse, les grandes journées auxquelles ils ont pris part.

Le 19 mars, Napoléon écrivait de Fontainebleau à Carnot, de venir le voir dès son arrivée aux Tuileries. Sitôt annoncé, il va à sa rencontre et lui tendant la main : « Je suis bien content de vous voir;

j'espère que nous ne serons plus ennemis. Je vous ai nommé ministre de l'intérieur. — Je ne saurais, en ce moment, rien refuser à votre Majesté ; mais le poste que vous m'offrez est étranger à mes antécédents. Je serais plus utile à la guerre. — J'y ai naturellement songé ; mais votre apparition au ministère de la guerre semblerait annoncer à l'Europe que j'ai l'intention d'engager une grande lutte, et tous mes vœux sont pour la paix. Et d'ailleurs, quand on a, comme vous, le compas dans l'œil, on voit juste en tout. »

Le langage de Napoléon était-il bien sincère, quant à ses idées de paix ! Il est permis d'en douter, et tout porte à croire qu'en confiant à Carnot le portefeuille de l'intérieur, il avait surtout pour but de gagner l'appui des libéraux et de tous les vieux républicains.

« En choisissant Carnot, écrivait un journaliste du temps, l'Empereur a jugé qu'il se donnait cinq cent mille hommes d'un trait de plume et ces cinq cent mille hommes sont ceux qui composent la classe pensante et dirigeante. »

Le 22 Mars, l'archichancelier Cambacérès adressait à Carnot cet avis : « J'ai reçu, la nuit dernière, un décret par lequel l'Empereur vous confère le titre de comte. Aussitôt que sa Majesté m'aura fait connaître ses volontés relatives au conseil du sceau, je m'empresserai de vous faire expédier, sous votre requête, les lettres patentes qui vous sont nécessaires pour jouir pleinement de la distinction que sa Majesté vient de vous accorder. « En lui communiquant la lettre de Cambacérès, le secrétaire de Carnot, qui était en même temps son ami, lui demanda quelle réponse il devait faire. « Aucune, lui répondit-il ; je ne veux ni affubler mon nom d'un sobriquet, ni procurer, par un refus aux ennemis de l'Empereur, l'occasion de dire que je me sépare de son gouvernement. » Le régicide Cambacérès, devenu comte, puis archichancelier de l'Empire, tenant pour incontestable que tout homme court après les cordons pensa que Carnot n'avait pas reçu son message et lui écrivit de nouveau. Mais le noble plébéien continua de faire la sourde oreille et les lettres patentes qui l'incorporaient dans la haute domesticité impériale, restèrent dans les cartons de la chancellerie.

L'acte additionnel aux constitutions de l'Empire a produit une indignation générale parmi les libéraux. Au lieu d'une constitution librement discutée par les représentants de la nation, ils se voyaient imposer une charte dans laquelle revivait l'ancien despotisme impérial. En plein conseil des ministres, Carnot dit à Napoléon : « Votre acte additionnel vous fera plus de tort que la perte d'une bataille. » Et comme s'il prenait à tâche de braver le sentiment public, l'Empereur et ses trois frères Joseph, Louis et Jérôme se présentèrent en costume d'histrion à l'*Assemblée du Champ-de-Mai* où devait être proclamé le vote émis sur cet acte par le corps électoral. Napoléon, dans une voiture à huit chevaux et suivi d'un véritable cortège de chambellans, d'écuyers, de pages, de hérauts d'armes, était affublé d'une tunique de taffetas cramoisi, chamarée d'or, et d'un manteau de velours violet. Ses frères étaient vêtus de taffetas blanc de la tête au pieds. Comment ! disait-on de toutes parts, c'est au moment où la nation, pour repousser les ennemis armés contre lui seul, est obligée, après avoir épuisé ses ressources, de solliciter des dons patriotiques, qu'il vient étaler ce luxe désordonné!

Pour détruire ces fâcheuses impressions et grouper toutes les forces morales du pays autour de Napoléon, Carnot lui écrivit confidentiellement : « Sire, veuillez en croire un homme qui ne vous a jamais trompé. La patrie est en danger; le mécontentement est général. Je propose à votre Majesté deux projets de décrets que je crois propres à rétablir le calme et à vous ramener la masse des citoyens. Il faut que ces décrets soient rendus *proprio motu.* »

Ces projets, les voici ;

« Napoléon, Empereur des Français.

« Notre intention étant de ne laisser subsister aucune trace de la féodalité, nous avons décrété et décrétons ce qui suit :

« A dater de la publication du présent décret, les dominations de *Sujet* et de *Monseigneur* cesseront d'être en usage parmi les Français, »

« Napoléon, Empereur des Français,

« La liberté de la presse nous ayant fait connaître que le vœu du peuple indique de nouvelles améliorations dans l'acte constitutionnel proposé à l'acceptation individuelle, nous avons décrété et décrétons ce qui suit :

« ART. 1er. La Chambre des représentants statuera, de concert avec nous, dans une prochaine session, sur les modifications dont l'acte constitutionnel est susceptible pour son perfectionnement.

« ART. II. La nouvelle rédaction de cet acte sera

soumise à l'acceptation du peuple, dans ses assemblées primaires. »

Le même jour, Carnot se rendit chez l'Empereur pour lui confirmer ses conseils de vive voix. « Ce nom de *Sujet* choque en général les oreilles françaises, lui dit-il; elles n'ont pas oublié que naguère nous nous appellions tous indistinctement citoyens et que même on disait : *citoyen premier consul*. — Il y a beaucoup de vrai là-dedans lui répliqua Napoléon ; je verrai ; cela mérite réflexion. » Puis il ajouta : « Toujours vos idées républicaines? — Les essais de monarchie que nous avons faits, répondit Carnot, ne sont pas de nature à changer mon opinion. »

XIII

Dès le 13 mars, le Congrès de Vienne avait lancé un manifeste qui mettait Napoléon et ses adhérents hors la loi des nations ; et le 25, un traité offensif et défensif, signé de l'Angleterre, de l'Autriche, de la Prusse et de la Russie, renouvelait toutes les stipulations du traité qu'elles avaient conclu à Chaumont, le 1er mars 1814, et en vertu desquelles chacune de ces puissances s'engageait à tenir en campagne, contre l'ennemi commun, une armée de 150,000 hommes, pendant vingt années. Et voilà la France, épuisée et encore toute meurtrie des coups de l'invasion, replongée dans les calamités de la guerre.

Il y avait à choisir entre deux plans de campagne : attaquer l'ennemi avant qu'il fût prêt, ou rester sur la défensive. C'est ce dernier parti que Carnot conseilla à Napoléon, lui faisant observer que les Russes et les Autrichiens ne pouvant entrer en ligne avant la fin de Juillet, les Anglais et les Prussiens n'oseraient, à eux seuls, faire une tentative sur notre territoire ; qu'il fallait profiter de cet état de choses pour renforcer notre armée active et les garnisons, fortifier Paris du côté de la rive gauche.... « J'ai besoin de prévenir les ennemis, lui dit l'Empereur ; ma politique veut un coup d'éclat. » En cela, il ne prenait conseil que de son dépit. Les dispositions de l'esprit public, à la suite de l'assemblée du Champ-de-Mai, l'avaient irrité au dernier point. Se sentant tenu en échec, il se jetait tête baissée dans la lutte, avec l'espoir de battre l'ennemi, et, par contre-coup, de ressaisir le pouvoir absolu et de courber de nouveau sous sa botte la nation qui s'était permis de discuter son bon plaisir. — Se confiant à son frère Feulins. « Napoléon va jouer sur une carte sa partie et la nôtre, lui dit Carnot. S'il la perd, la France devient la proie de l'étranger. Cet homme ne comprend pas que le chef d'un grand État a d'autres devoirs que ceux d'un aventurier. »

Le sort en est jeté. Le coup d'éclat s'est fait contre nous et la défaite de Waterloo (18 juin) est aggravée par l'inqualifiable conduite de Napoléon qui, au lieu de leur prêcher, par sa propre attitude, l'exemple de la fermeté, abandonne ses soldats aux paniques du sauve-qui-peut. Aussitôt qu'il connaît son retour aux Tuileries, Carnot se présente à l'Empereur et lui trace son devoir. « Ne restez pas une minute ici, repartez sur le champ ; allez vous remettre à la tête de votre armée ! » Mais lui, démoralisé et faisant de son désastre un tableau encore plus effrayant que la réalité : « Je n'ai plus d'armée » déclara-t-il à Carnot, et cela au moment où Wellington disait à son état-major : « Il y a encore trois batailles entre nous et Paris. »

Dans un conseil des ministres qui fut tenu à l'Elysée le 22 juin, Carnot insista de nouveau pour que Napoléon reprît son commandement militaire, qu'il déclarât la patrie en danger et appelât la nation entière sous les armes. Personne ne répondant à cette proposition, l'Empereur se leva brusquement, fit rapidement quelques pas et s'arrêtant tout-à-coup, dit : « Ecrivez ! » puis il dicta son abdication. La lecture de cet acte fut faite à la Chambre des Pairs par Carnot, qui, à son retour, trouva Napoléon ser' dans le jardin du palais et l'aborda par ses paroles : « Sire, je viens de m'acquitter de la douloureuse mission dont votre majesté m'avait chargée, » auxquelles il répondit : « Monsieur Carnot, je vous ai connu trop tard. »

Ah ! illustre capitaine, un tel aveu de votre part fait pitié ! Vous l'avez connu trop tard, ce grand citoyen qui, en 94, vous prenait pour collaborateur ; qui, deux années plus tard vous ouvrait l'avenir en vous plaçant à la tête de l'armée d'Italie, et ne cessa jamais de vous regarder en face, alors que tous se jetaient à plat ventre devant vous ! N'ayant pu l'avilir comme tant d'autres, vous vous êtes ingénié à froisser ce loyal serviteur de la France ; et quand, par hasard, vous êtes allé à lui, ce n'était pour rendre hommage ni à son mérite, ni à ses vertus, mais parceque vous avez cru y trouver profit pour vous auprès de l'opinion publique. Et c'est après l'avoir systématiquement tenu à l'écart quand vous étiez tout puissant ; c'est lorsque vous n'êtes plus rien que vous semblez lui accorder votre estime! Jamais la postérité ne vous croira.

Le dernier conseil de Carnot à Napoléon ne devait pas être plus écouté que tant d'autres qu'il lui avait donnés. Il s'agissait ici de sa sûreté personnelle. Carnot le pressait de s'éloigner, de quitter la France. « Où me conseillez-vous d'aller ? — Vous ne devez pas hésiter un instant, passez en Amérique. De là vous ferez encore trembler vos ennemis ; et s'il faut que la France retombe sous le joug des Bourbons, votre présence dans un pays libre soutiendra l'opinion nationale et contiendra les mauvais desseins des nouveaux gouvernants. — Je suis tenté d'aller en Angleterre ; le peuple anglais est un peuple généreux. — Vous y avez excité trop de haines, vous y serez insulté par les boxeurs. Le Gouvernement anglais, d'ailleurs, ne vous souffrira pas sur son territoire ; il renouvellera contre vous son bill des étrangers. Partez pour les Etats-Unis ; c'est le seul asile qui vous convienne. — Vous avez raison, j'irai en Amérique. »

Quelle secrète espérance nourrissait-il ? D'irrésolution en irrésolution, il ne partit pour Rochefort que le 29 juin. Deux frégates l'y attendaient, l'une avec ordre de se sacrifier, au besoin, pour ouvrir un passage et donner les moyens de s'échapper à celle qui devait le transporter en Amérique. Et puis, au lieu de voyager rapidement et incognito, il chemine à petites journées, avec étalage, si bien qu'à son arrivée à Rochefort, il trouva le port bloqué par une croisière anglaise. C'est alors qu'il écrivit au prince régent d'Angleterre : « Je viens, comme Thémistocle, m'asseoir au foyer du peuple britannique. » Le 15 juillet, il montait sur *le Bellérophon*.

Ce jour-là, avec l'expiation de l'incorrigible tyran et celle de la France, commençait cette légende napoléonienne, qui, falsifiant la vérité, obscurcissant les claires leçons de l'histoire, nous infligea les hontes et les humiliations inoubliables du second Empire.

XIV

Pour ne pas interrompre l'exposé des accablements de notre pays, à la chute de Napoléon, nous avons dû laisser dans l'ombre un des côtés du rôle de Carnot, pendant son court passage au ministère de l'Intérieur.

Au lendemain de son entrée dans la vie politique, pendant sa mission aux Pyrénées, au milieu des soucis de la défense nationale, il envisage l'avenir et ne voit de sûreté, pour les institutions que la France s'est données, que dans l'enseignement populaire. « Hâtons-nous, disait-il, hâtons-nous d'éclairer la génération qui nous suit, afin qu'elle soit en état de jouir des bienfaits de la liberté. » Il pensait qu'une République qui a pour point d'appui l'instruction de tous les citoyens, est impérissable.

Deux jours après son installation au ministère et bien qu'il sentît en quelque sorte le sol crouler, il n'hésite pas à entreprendre l'œuvre de lumière que la Révolution n'avait fait qu'effleurer, obligée qu'elle fut de combattre sans relâche pour la sécurité de nos frontières et la défense des droits éternels et imprescriptibles du genre humain. Il appelle autour de lui tous les hommes spéciaux qui peuvent le seconder dans sa noble entreprise, et le 28 avril, il adressait à Napoléon un rapport dans lequel nous lisons :

« Lorsque les Américains des Etats-Unis déterminent l'emplacement d'une ville, et même d'un hameau; leur premier soin est d'y amener un instituteur, en même temps qu'ils y transportent les instruments de l'agriculture; sentant bien, ces hommes de bon sens, ces élèves de Franklin et de Washington, que ce qui est aussi pressé, pour les vrais besoins de l'homme, que de défricher la terre, de couvrir les maisons et de se vêtir, c'est de cultiver son intelligence. »

Ce rapport, qui concluait à l'introduction de l'*Enseignement mutuel* en France, constitue la première organisation dans notre pays d'un enseignement populaire laïque. De tout les services qu'il rendit à sa patrie, Carnot n'en estimait aucun plus que celui-la.

Aussitôt l'abdication de Napoléon, une commission exécutive provisoire, composée de cinq membres, fut nommée par les Chambres. Celle des Représentants devait en élire trois : ce furent Carnot, Fouché et le général Grenier. La Chambre des Pairs choisit Coulaincourt et Quinette.

Le 24 juin, cette commission envoyait des plénipotentiaires, en tête desquels Lafayette, auprès des coalisés pour traiter des conditions de paix et réclamer, pour la France, le droit de choisir sa forme de gouvernement. Le jour même de leur départ, l'odieux Fouché écrivait secrètement à Wellington :

« que l'on se gardât bien d'écouter ces plénipotentiaires; que ce n'était pas avec eux qu'il fallait négocier, mais avec lui, Fouché, et à Paris ; qu'en conséquence, les armées alliées hâtassent leur marche sur la capitale. »

Aux termes de la Convention signée le 3 juillet, entre Wellington, Blucher et le maréchal Davoust, l'armée française doit se porter derrière la Loire, et son mouvement de marche, qui commencera le 4 juillet, devra être terminé sous huit jours. Restait la question capitale : la liberté, pour la France, de se donner le gouvernement de son choix. Délivré de la présence de nos soldats et sûr de l'appui des baïonnettes étrangères, Fouché, qui est entré en relations avec Louis XVIII, jette le masque et propose audacieusement le rappel des Bourbons à la Chambre des Représentants, dont la majorité l'accueille par les cris de : « Point de Bourbons ! à bas les Bourbons ! à bas les traitres ! à bas Fouché ! » Sans s'émouvoir de ces ardentes protestations, il quitte l'Assemblée et du même pas se rend à Neuilly, quartier-général de Wellington.

Le 6 juillet, les armées ennemies prenaient possession de la capitale. Le 7, Fouché informait la commission exécutive que les souverains alliés s'étaient engagés à replacer Louis XVIII sur le trône, et que celui-ci ferait, le lendemain son entrée dans Paris. Outré de tant de perfidie, Carnot apostropha Fouché dans les termes les plus violents et proposa à ses collègues de se retirer derrière la Loire avec l'armée et la Chambre des Représentants. Tous acceptèrent et rendez-vous fut pris pour le lendemain, afin d'organiser cette démonstration.

****

Mais l'infâme Fouché avait songé à tout. Le 8 juillet, dès la pointe du jour, les palais Bourbon, des Tuileries et du Luxembourg, sièges des Pouvoirs publics, étaient occupés militairement par les Prussiens, et, dans l'après-midi de la même journée, Louis XVIII, en voiture fermée, ayant à la portière de droite, le comte d'Artois, à celle de gauche, le duc de Berry, et derrière eux les maréchaux Marmont, Victor, Oudinot, Macdonald et Gouvion-St-Cyr, rentrait pour la seconde fois dans sa bonne ville de Paris.

XV

Ce spectacle lamentable d'anciens volontaires de 92, devenus généraux de la République et maréchaux de l'Empire, qui caracolent derrière les représentants attitrés de l'Ancien Régime, appelle un jugement.

La France de 89 porte la peine de ses apostasies. La grande initiatrice des nations, qui fit flotter comme un drapeau, la charte des Droits de l'Homme au-dessus des fronts asservis de tous les peuples, est gisante aux pieds de l'étranger. Infidèle à la mission qu'elle s'était donnée, le jour où elle rompit ses fers, de marcher à la délivrance des opprimés; reniant ses enthousiasmes de 92, ses fiers défis de 93, ses serments solennels et si souvent répétés de haine à la tyrannie, elle s'est faite courtisane et jetée dans les bras du pire des despotes, sous le commandement duquel, durant quatorze années, elle piétina sur les peuples qu'elle avait appelés à l'affranchissement et qui avaient placé en elle toutes leurs espérances. Mais, si elle a oublié ses engagements, ils s'en sont souvenus. Au lieu de frères, ils ne voient plus en nous que des maîtres; l'admiration et l'amour qu'ils avaient conçus pour le nom français, ont fait place au ressentiment. Confondant leur cause avec celle des rois dont nous avions promis de les délivrer, ils ont fait contre nous le pacte d'être libres. Et la victoire, désertant les étendards des légions qui ont désappris *La Marseillaise* et jusqu'au nom de la liberté qui les avait rendues invincibles, est passée à l'ennemi. Le mépris aux lèvres et mèche allumée, les vaincus de Valmy, de Jemmapes, de Hondschoote, de Wattignies, de Wissembourg, de Fleurus, de Zurich, de Marengo, de Hohenlinden, campent sur nos voies sacrées: au Palais-Royal, à la Grève, devant les Jacobins, au carrefour des Cordeliers, au Forum de la Bastille, ces grandes arènes de nos luttes et de nos transports pour l'égalité. Depuis Vincennes jusqu'à l'Arc-de-Triomphe, les cavales du Don et de la Poméranie couvrent les bruits de Paris de leurs hennissements. Nos ultra-royalistes donnent la main à la soldatesque prusso-cosaque, et leurs femmes, en toilette de fête, promènent leur impudicité autour des bivouacs de la Sainte-Alliance. Dans la langue des revenants de Coblentz et de Gand, les mots ont changé de sens et les devoirs de nom; faisant parade de leurs crimes de lèse-patrie, ils sont plus glorieux d'avoir porté les armes contre la France que d'avoir combattu à Fontenoi, et les débris héroïques de nos armées républicaines sont qualifiés de *brigands de la Loire* par leurs bouches sacrilèges.

C'est l'heure des vengeances. Atteint par l'ordonnance royale du 24 juillet, rendue au mépris de la capitulation de Paris, Carnot est invité à quitter la capitale, sous trois jours, à se retirer à Blois et y attendre qu'il soit statué sur son sort. Des tribunaux extraordinaires sont installés sur toute la France. La réaction bourbonienne ne recule devant aucun attentat, le sang des patriotes les plus purs est versé aux cris de *Vive le Roi!*

Devant ce déchaînement de fureurs, les amis de Carnot songèrent à lui assurer la protection de ceux-là même contre lesquels il avait organisé les victoires de la Révolution. Mal accueillis par le duc de Wellington, ils s'adressèrent à l'empereur Alexandre, qui lui fit offrir une retraite dans ses Etats, avec l'espoir qu'il consentirait à consacrer à la Russie sa science guerrière; et, pour lui témoigner jusqu'au bout sa haute estime, il lui fit obtenir, non sans effort, un sauf-conduit pour l'étranger. C'était lui sauver la vie. Les meneurs de la Terreur blanche agitaient alors le projet de supprimer sommairement les conventionnels en renom, en les faisant massacrer par des émeutiers à gages, et le coup fait, à faire attribuer leur mort à la vindicte populaire. La flatteuse bienveillance de l'empereur de Russie pour Carnot, fit avorter la noble entreprise de ces chevaliers de l'assassinat.

Il a pris le chemin de l'exil, ce grand citoyen. Il n'y a pas de place au foyer national pour ce soldat sans reproche auquel Rome eut décerné les honneurs du triomphe, et qui, avec le même droit que Scipion, pouvait répondre à ses accusateurs :

C'est à pareil jour que j'ai sauvé la République, que j'ai vaincu Cobourg et les Autrichiens, et, à l'exemple du vainqueur d'Annibal, s'écrier : *Venez, Français, allons au Capitole en rendre aux Dieux de solennelles actions de grâces*! Il emmène avec lui son jeune fils, Hippolyte Carnot, l'ancien ministre de l'instruction publique du Gouvernement provisoire, aujourd'hui sénateur inamovible, et une gouvernante, qui était à son service depuis 20 ans et avait sollicité comme une faveur de partager la proscription de son maître. Madame Carnot était morte en 1813.

Sorti de Paris dans les premiers jours d'octobre. lé plateau de Wattignies est la dernière terre française qu'ait vue Carnot. Coïncidence singulière, c'était le 16 octobre, anniversaire de la victoire qu'il y avait remportée sur les Autrichiens, vingt-deux années auparavant. Bien qu'il fût muni d'un passeport délivré par l'ambassade russe et sur lequel une stipulation particulière lui donnait le droit de se faire, au besoin, protéger par les autorités militaires de la Russie, il s'en était procuré un second, sous le nom de Rozand, négociant à Lyon, résolu qu'il était à n'exhiber le premier qu'en cas de nécessité absolue. Se rappelant les cordiales démonstrations qui lui avaient été faites quand il en était gouverneur, il songea un instant à se fixer à Anvers. Mais ses appréhensions l'en détournèrent aussitôt; il devina que les Bourbons exigeraient de la diplomatie européenne que la Belgique refusât tout asile à ceux qu'ils chassaint.

Pour un grand nombre de Polonais, la France était devenue une seconde patrie ; ils étaient mêlés à notre vie et beaucoup d'entre eux avaient combattu sous nos drapeaux pendant les guerres de la Révolution et de l'Empire. En retour de l'hospitalité que ses enfants avaient reçu chez nous, Carnot ne pouvant douter de l'accueil filial que lui ferait la Pologne, se dirigea sur Varsovie. Des péripéties de son pénible voyage de trois mois, nous ne rapporterons qu'un incident. A l'entrée de Cracovie, un employé de la douane, après l'avoir fixé avec l'attention d'un policier, s'approcha de lui et le saluant militairement, lui dit en français : « Vous ne pouvez me reconnaître, mais je vous reconnais bien, moi ; vous êtes monsieur Carnot ; vous m'avez donné un sabre d'honneur qne je garde religieusement. » Et il s'inclina de nouveau. Il n'en pouvait être autrement, Carnot reçut de la part de toutes les classes de la population varsovienne, les témoignages de déférence dûs à sa qualité de Français, à sa réputation, à son malheur, non moins qu'aux qualités de son cœur et de son esprit. Lorsqu'il sortait, toutes les têtes se découvraient respectucueement devant l'illustre banni. Ces hommages, il les craignait en quelque sorte, et, pour s'y dérober, il évitait, autant qu'il le pouvait, de paraître dans les rues.

Quelques jours après son arrivée à Varsovie, Carnot apprit la double mesure qui le frappait, comme ancien juge de Louis XVI et comme savant. La Chambre *introuvable* avait voté (6 janvier 1816) la *loi d'amnistie* qui condamnait tous les ex-conventionnels à un exil perpétuel, et, par ordonnance royale du 21 de ce mois, il était rayé de l'Institut. Carnot partageait cette honorable exclusion avec Lakanal, Monge, Grégoire, Arnault, Etienne.

Après l'hiver de 1817, l'âpreté du climat de la Pologne et la vie dispendieuse de Varsovie obligèrent Carnot à chercher une autre retraite. Aucune ne lui souriait autant que les provinces rhénanes, à portée des bouffées vivifiantes du vent de France ; mais le séjour de ces provinces était formellement interdit aux exilés politiques par les conventions diplomatiques. Il s'adressa à la Prusse qui accueillit favorablement sa demande, en lui laissant le choix de sa résidence. Carnot choisit Magdebourg. Il y fut entouré du respect et de la considération que commandaient son nom, son caractère et la dignité de sa vie, et qu'il eut certainement rencontrés partout ; mais il se mêla peu à la société. Une santé chancelante, ses préoccupations patriotiques et l'éducation de son fils lui faisaient un devoir de la vie sédentaire qui, d'ailleurs, était dans ses goûts.

Les lecteurs connaissent, dans Carnot, l'homme public. Pour leur montrer la physionomie captivante de l'homme privé, nous ne pouvons mieux faire que de copier les lignes émues que son fils a écrites sur l'emploi de ses jours d'exil.

« L'existence de mon père était à Magdebourg ce qu'elle avait été dans tous les temps. Son humble fortune fut toujours au niveau de ses goûts. Personne n'était moins exigeant pour lui-même, personne n'était plus complaisant pour les autres. Je n'ai pas vu d'homme plus facile à servir ; il ne demandait presque rien à ses serviteurs, recevant leurs soins comme des actes d'obligeance et faisant de ses propres mains tout ce qu'il pouvait, afin de leur épargner les moindres peines.

« La bonne Joséphine suffisait seule à notre petit

ménage ; et le soir elle venait travailler à la lampe commune, tandis que mon père me dictait ou que je lui faisais une lecture.

« Le matin, l'arrivée du facteur nous réunissait une première fois. Nous ouvrions ensemble les journaux et les lettres de France ; la longue épitre qui nous apportait régulièrement chaque jeudi des nouvelles détaillées de la famille, était lue tout haut ; des nouvelles de la patrie et de la famille, c'est le pain des exilés. Après le déjeuner, j'écrivais pour mon père quelques lettres, ou j'ajoutais une page à notre missive hebdomadaire, espèce de journal de notre santé et de nos petits événements. Venaient ensuite les heures de travail ; j'allais assister à des cours ; mon père variait ses occupations : tantôt des mathématiques ou la lecture d'un ouvrage de science, de philosophie, de littérature. Voulait-il se délasser ? Il prenait un porte-feuille où se trouvaient des brouillons de poésie. Que de fois je l'ai vu, quand une étude l'avait fatigué, se lever tout à coup en se frottant les mains, arpenter la chambre, à pas rapides, fredonnant et s'arrêtant par intervalles devant son bureau, qui était la première table venue, pour y écrire, sans se rasseoir, quelques vers. La même feuille sur laquelle il venait de tracer des plans de fortification, des figures de géométrie ou des formules algébriques, recevait un couplet de chanson. Il semblait éprouver un impérieux besoin de reposer les fibres de son cerveau par la variété des occupations. Quand il faisait des promenades solitaires, il était rare qu'il ne rapportât pas une étude scientifique, une page de morale ou quelque composition poétique.

« Il aimait passionnément la musique et les fleurs. La privation d'un jardin où il pût les cultiver de ses mains lui était fort sensible. Quelque fois, il distribuait des pots de fleurs et des caisses d'arbustes, sur les meubles de sa chambre, puis il disait en riant : « je vais me promener dans mon jardin. »

A diverses reprises, Carnot fut indirectement avisé que s'il en faisait la demande au gouvernement des Bourbons, il obtiendrait son rappel. Mais il pensait comme le Dante. Pressé par ami de solliciter sa grâce, le grand proscrit Florentin répondit : « Indique-moi une voie qui ne soit pas contraire à l'honneur pour rentrer dans Florence. S'il n'y en à pas, jamais je ne rentrerai dans Florence. »

Carnot a condensé son *Credo* dans des pensées morales qui respirent la plus douce philosophie ; en voici quelques-unes :

« La devise de l'homme est espoir.

« Le bonheur est une perspective, et l'espérance nous place au vrai point de vue pour en jouir.

« Nous ressemblons à des enfants qui soupirent après les joujoux qu'ils n'ont pas, et qu'ils les jettent aussitôt qu'ils les tiennent.

« Les éléments du bonheur sont la santé, la médiocrité et l'indépendance de condition, le goût du travail, l'estime des honnêtes gens, un caractère de modération, la tendance à secourir le malheureux, l'intimité d'une femme aimable, des enfants nés avec de bonnes dispositions.

« J'ai éprouvé que la bienfaisance est la plus parfaite des jouissances, et celle qui s'use le moins.

« L'homme est né pour le travail ; l'oisif volontaire est un être dégradé.

« Les passions se guérissent l'une par l'autre.

« Les pratiques de dévotion peuvent disposer l'homme à la méditation et lui procurer un recueillement nécessaire pour qu'il travaille à se corriger. Mais, en l'absence de bonnes œuvres, elles ne sont que des insultes à la divinité.

« J'ai vécu dans un siècle de lumière; j'ai vu poindre l'aurore de la raison humaine et l'éternelle vérité triompher des vieux préjugés.

« Que d'autres me succèdent, et qu'il leur soit donné de finir leur existence sans plus de regrets et avec autant de calme. »

Il finit comme il avait vécu, ce martyr du devoir, en confessant sa passion pour la France. C'était le soir du 2 août 1823; s'adressant à son fils, qui le veillait avec la sollicitude d'une mère : « Mon enfant, si jamais notre pays est menacé dans son indépendance, oublie que les Bourbons ont proscrit ton père. » Ce fut la derrière etincelle de son patriotisme. Quelques minutes après, il succombait sous les étreintes d'une maladie d'entrailles.

Une statue en bronze, œuvre du sculpteur Roulleau lui a été érigée à Nolay, le 3 septembre dernier.

Par décret de l'Assemblée nationale, rendu le 3 avril 1791, la veille des funérailles de Mirabeau, l'église Sainte-Geneviève fut nommée Panthéon et affectée à la sépulture des français illustres par leurs vertus, leurs talents ou leurs services; et sur la frise de la façade on grava cette inscription : *Aux grands hommes la Patrie reconnaissante*. Rendue au culte en 1815, elle est redevenue Panthéon en 1830; mais aucun mort n'y a été placé depuis.

Quelle heure est plus propice que celle de la République triomphante, pour décerner à nos morts illustres les hommages votés par les premiers Constituants ? Et qu'attendent donc nos gouvernants pour rééditer le beau décret de 91 ?

Si avoir donné, sans une minute de défaillance, l'exemple de toutes les vertus civiques, pendant un demi siècle ; si avoir sauvé son pays de la coalition la plus formidable qui ait jamais menacé l'existence d'aucun peuple ; si lui avoir sacrifié toutes ses énergies physiques et morales, son repos, sa vie, sont des titres à la reconnaissance nationale, il n'est, dans notre longue histoire, aucun soldat qui ait mieux mérité de la patrie, aucun français qui soit plus digne que Carnot des honneurs de l'apothéose.

Aller chercher ses cendres au cimetière prussien où elles reposent et les placer au Panthéon, c'est pour la France républicaine une dette sacrée.

Beaufremont, *le* 21 *Juin* 1883

www.ingramcontent.com/pod-product-compliance
Ingram Content Group UK Ltd.
Pitfield, Milton Keynes, MK11 3LW, UK
UKHW012052240726
13965UKWH00003B/1239

9 782013 071895